Andrea Sokol

Das Gute-Laune-Kochbuch

Glücklich und voller Energie
mit den richtigen Zutaten

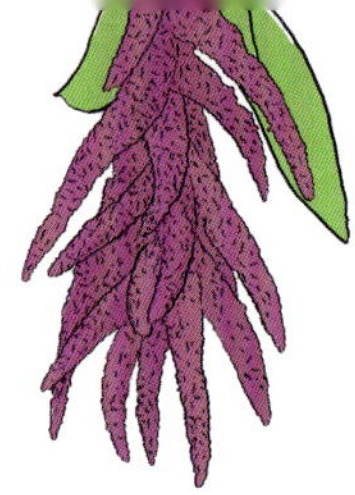

Theorie

Lebensmittel & Rezepte

Liebe Leserinnen, liebe Leser,

vielleicht haben Sie sich gefragt, was ein Gute-Laune-Kochbuch eigentlich ist. Bekommt man beim Kochen der Gerichte gute Laune oder doch vielleicht eher durch ihre Inhaltsstoffe? Beides würde ich mir wünschen, aber in erster Linie sollen Kochen und Essen mit den richtigen Zutaten rundum zufrieden und glücklich machen. Mein Ohlala-gute-Laune-Konzept bietet eine rein pflanzliche, überwiegend basische, abwechslungsreiche leichte Ernährung. Wenn diese guten Geschmack, positive Energie, gute Verdauung, gesunden Darm, reine Gedanken, funktionierenden Stoffwechsel und optimale Nährstoffversorgung zur Folge hat, führt das automatisch zu guter Laune.

Ein Gute-Laune-Kochbuch, kann das halten, was es verspricht? Sie werden es selbst sehen, schmecken und feststellen. Es geht in diesem Kochbuch natürlich um Lebensmittel und Rezepte, mit denen wir die Möglichkeit haben, uns durch die Zutaten und die Zubereitung qualitativ hochwertige Nährstoffe zuzuführen und dadurch positive Energie freizusetzen.

Sie kennen doch bestimmt die Redewendung: Jeder ist seines Glückes Schmied? Das war schon ein Credo bei den alten Römern und will uns sagen: Glück ist eine Art Rohstoff, aus dem im kreativen, praktischen Prozess des Schmiedens ein Kunstwerk entstehen kann. Wir müssen es nur anpacken und es selbst in die Hand nehmen.

Nun möchte ich mit Ihnen in diesem Buch nicht über heißen Flammen schmieden, ich möchte mit Ihnen für die gute Laune kochen. Deshalb ist mein Credo: Jeder ist sein eigener Gute-Laune-Koch!

So beeinflusst der Darm unsere Psyche

Wo kommt die gute Laune eigentlich her? Gute Laune kommt direkt aus dem Bauch heraus. Unser Verdauungstrakt ist sehr eng mit unserem Gehirn verbunden. Ermöglicht wird das durch das enterische Nervensystem, ein dichtes Geflecht aus über 100 Millionen Nervenzellen, das von der Speiseröhre bis zum Enddarm reicht. Wenn wir also unseren Bauch und den Darm gut behandeln, dann müsste der Rest ein Kinderspiel sein.

Emotionen und Entscheidungen werden maßgeblich in unserem zweiten Gehirn, wie der Darm mittlerweile genannt wird, gefällt. Der Darm ist nicht nur wichtig für unsere Verdauung, sondern eben auch für unsere Laune und nimmt Einfluss auf unsere Stimmung. Das kann jeder von uns ganz bestimmt nachempfinden, gibt es in Magen und Darm keine Blockaden, Entzündungen, Blähungen oder Verstopfungen, ist das Leben viel leichter zu meistern. Wir fühlen uns sicher und können positive Energie entwickeln, ist es aber anders, dann entsteht ein flaues Gefühl in der Magengegend, das sich in Angst, Stress und Unsicherheit bemerkbar macht. Wir sind nicht in unserer Mitte und Kraft.

Gehirn und Verdauungstrakt kommunizieren ständig miteinander und sind immer auf dem aktuellen Stand. Schlechte Nachrichten schlagen auf den Magen und Verliebtheit sorgt für Schmetterlinge im Bauch. Ist der Magen beruhigt, können wir entspannen und uns auf unser Bauchgefühl verlassen. Viele kennen aber auch die Situation, dass sie bei Hunger schlecht gelaunt werden, und genau deshalb sollten wir unsere Ernährung so aufbauen, dass wir nicht schnell wieder nach dem Essen hungrig werden und unser Blutzuckerspiegel rauf- und runterhüpft.

Mood Food – gutes Essen für gute Laune

Aber nicht nur das, im Darm sitzt auch unser Immunsystem – durch das Darmmilieu, das Mikrobiom, wird letztendlich alles gesteuert. Die Symbiose zwischen regenerativen (den guten) Darmbakterien und den degenerativen (den schlechten) Darmbakterien darf nicht aus dem Gleichgewicht geraten, deshalb essen wir nicht nur für die gute Laune, sondern auch für die guten Darmbakterien. Denn beides geht ja Hand in Hand. Präbiotische Lebensmittel kommen an dieser Stelle zum Einsatz, sie bieten den nützlichen Bakterien der Darmflora die wichtige Nahrung. Diese Präbiotika sind leider in unserer heutigen Nahrung nicht mehr in der Menge vorhanden, wie es sein sollte. Deshalb müssen wir hier richtig zufüttern. Wenn wir diese positiven, für unser Wohlbefinden und unsere Gesundheit ausschlaggebenden Bakterien gut füttern, dann stärken wir sie, und die negativen Bakterien können nicht überhandnehmen!

Die Sache mit der guten Laune

Das mit der guten Laune und dem Glück ist ja generell so eine Sache und bei jedem Menschen verschieden. Aber es sind nun mal die zwei Gemütszustände, die die meisten Menschen als Idealzustand anstreben. Ob meine Rezepte auf Dauer glücklich machen, finden Sie am besten selbst heraus. Sie entwickeln auf jeden Fall gute Laune.

Es ist meiner Meinung nach wichtiger denn je, darauf zu achten, wie wir uns ernähren, denn wir leben in einer Zeit, in der wir ständig unbegrenzten Zugang zu Nahrungsmitteln haben, die uns zwar vordergründig sättigen, aber eben nicht nähren. Vieles sieht saftig, frisch und natürlich aus, ist es aber nicht. Die meisten schnell verfügbaren Nahrungsmittel, ob Brot, Käse, Aufstriche, Getränke, Fertiggerichte, sind generell versetzt mit leeren Kalorien, Zusatzstoffen, Farb- und Geschmacksverstärkern, Konservierungsmitteln, Fetten in schlechter Qualität und Zucker in verschiedenen Darreichungsformen. All diese Nahrungsmittel belasten unseren Körper eher und hemmen die Stoffwechselprozesse. Als Resultat fühlen wir uns nach dem Essen schlapp und energielos anstatt voller Kraft und Tatendrang. Wenn es dann noch zu Völlegefühl, Blähungen oder Durchfall kommt, kann meiner Meinung nach keine gute Laune aufkommen.

Schon Hippokrates, der berühmteste Arzt des Altertums, war überzeugt: „Was wir essen, bestimmt unser Gemüt."

Was wir essen, wirkt sich auf verschiedene Weise in unserem Körper aus. Unsere Nahrung ist nun mal der Lieferant von Vitalstoffen für unser Betriebssystem. Frische Lebensmittel liefern uns die nötigen Nährstoffe, die unser Organismus braucht, um sie in Kraft und Energie umzuwandeln und alle chemischen Vorgänge im Körper in Gang zu setzen. Das sind Stoffwechselvorgänge, die Bildung von Hormonen und Enzymen, die wir für unser Wohlbefinden brauchen.

Dabei ist es sehr wichtig, ein Gefühl dafür zu entwickeln, dass unsere Ernährung nicht nur unseren Körper beeinflusst, sondern eben auch unsere Psyche. Wir sollten versuchen, unseren Körper durch reine und unbelastete Nahrungsmittel zu entlasten.

Clean Food

Was wir essen, wirkt sich auch auf unseren Gemütszustand aus, dieses Wissen ist nicht ganz neu, sondern bereits einige Jahrtausende alt. Wir alle kennen die Redewendungen: „Sauer macht lustig", „Schokolade macht glücklich" und „Bitter im Mund, macht den Magen gesund".

In den letzten Jahren gibt es immer mehr Langzeitstudien zum Wahrheitsgehalt dieser Aussagen. Diese Studien beschäftigen sich zumeist damit, ob Ernährung gegen Depressionen helfen kann. Depressive Verstimmungen werden natürlich durch ganz unterschiedliche Faktoren ausgelöst, wie z. B. Lebens- oder Gesellschaftskrisen, Erlebnisse in der Kindheit, Verluste oder auch genetische Veranlagungen, allerdings weiß man heute, dass auch ein zusätzlicher Nährstoffmangel dabei nicht von Vorteil ist. Diese Studien kamen aber auch zu der Erkenntnis, dass Ernährung allein Depressionen zwar nicht heilen, aber einen großen Beitrag zu einem besseren Verlauf leisten kann.

Nahrung ist nicht nur dazu da, um uns Power, Kraft und Muskelaufbau zu liefern, sondern mit ihr werden auch hirnrelevante Stoffe geliefert wie z. B. Vitamin B_1, B_6, B_9, B_{12} oder Magnesium. Ein Mangel kann zu einem Ungleichgewicht führen und das Risiko für Verstimmungen und Depressionen begünstigen.

Um hier im Gleichgewicht zu bleiben, brauchen wir aber nicht unzählige Tabellen mit Nährwertangaben, sondern meiner Meinung nach nur eine gesunde Portion Abwechslung auf dem Teller, und das am liebsten saisonal. Clean Food bedeutet nichts anderes als gesunde, vollwertige Ernährung.

Hören Sie auf Ihren Körper

Mit den Nährwerten und den Tabellen ist das nämlich auch so eine Sache: Enthält ein frisch geernteter Brokkoli zum Beispiel 95 bis 110 mg Vitamin C pro 100 g, dann sieht das nach kurzer Zeit des Transports und der Lagerung schon ganz anders aus. Und wird der Brokkoli dann noch zu lange gekocht, schmeckt er wahrscheinlich noch einigermaßen nach Brokkoli und enthält auch auf jeden Fall noch Rohfasern, aber ob noch viel vom fragilen Vitamin C enthalten ist, ist fraglich.

Was ich damit sagen möchte, ist, wir sollten uns nicht an Tabellen festhalten. Sondern wieder mehr riechen, schmecken und fühlen. Wie fühlen wir uns nach unseren Mahlzeiten – geht es uns gut und sind wir tendenziell gut gelaunt und voller guter neuer Gedanken oder ist es eher nicht so?

Botenstoffe des Glücks

Die Bildung von Hormonen spielt eine entscheidende Rolle für unser Wohlempfinden. Wir alle haben schon so oft von Serotonin, Dopamin, Noradrenalin und Endorphin gehört. Sie haben die Aufgabe, unser

Serotonin: wirkt sich auf unser Schmerzempfinden, unseren Schlaf und die allgemeine Stimmung aus.

Noradrenalin: benötigen wir in geistigen und körperlichen Stresssituationen, es macht uns leistungsbereit und motiviert.

Dopamin: dient im Gehirn der Kommunikation der Nervenzellen untereinander und vermittelt positive Gefühlserlebnisse, „der Belohnungseffekt".

Endorphin: regelt Empfindungen wie Schmerz und Hunger und wird mitverantwortlich gemacht für die Entstehung von Euphorie.

körperliches Wohlbefinden wie Glücksgefühle, Stress oder unsere Stimmung zu regulieren. Industriell hochverarbeitete Nahrungsmittel, auch Convenience Food oder Junkfood genannt, reduzieren allerdings die Produktion von Glückshormonen in unserem Gehirn massiv. Denn schnell verfügbaren Nahrungsmitteln wie Weißbrot, Süßigkeiten, Burger und Tiefkühlpizza mangelt es an lebenswichtigen Nährstoffen. Sie liefern zudem auch noch große Mengen an Transfetten, leeren Kohlenhydraten, einfachem Zucker und gesättigten Fettsäuren. Diese Zutaten fördern statt guter Laune das Gegenteil, nämlich Entzündungsprozesse im Körper. Bei Entzündungen im Körper zirkulieren Botenstoffe namens Zytokine im Gehirn, damit werden Immunzellen aktiviert. Ist die Entzündung gebannt und bekämpft, dann werden diese Zytokine wieder abgebaut. Daran sieht man, wie gut der menschliche Körper funktioniert.
Bei dauerhaften oder chronischen Entzündungen im Körper bleibt der Pegel der Zytokine aber erhöht und bringt das Gleichgewicht der Neurotransmitter, die für unser Wohlbefinden zuträglich sind, durcheinander.

Gerade für den Gehirnstoffwechsel fehlen die positiven Botenstoffe, die Neurotransmitter, die wir benötigen, um Nervenimpulse weiterzuleiten. Hier liegt der Zusammenhang zwischen unserer Ernährung und der Verfassung unserer Psyche und deshalb auch unseres Immunsystems. Wir vergessen leider allzu oft, welche positive Wirkung Nahrung mit frischen Lebensmitteln auf unsere gesamte gesundheitliche Verfassung inklusive Psyche hat.

Wie Fast Food unseren Körper verändert

Fast Food ist – wie der Name schon sagt – schnelles Essen, das heißt, es ist nicht nur schnell verfügbar, sondern auch schnell verzehrt. Wir mampfen oft in Windeseile etwas aus der Hand, ohne Messer und Gabel, und müssen nicht mal wirklich kauen. Das ist ja auch die Idee von Fast Food – aber bei diesem Tempo kommt unser Gehirn nicht mehr mit. Es braucht circa 20 Minuten, um das Signal zu empfangen, dass wir wirklich satt sind. Hier wird also der Hunger oder Appetit überholt, was zur Folge hat, wir essen weit über unser Sättigungsgefühl hinaus.

Bei den hohen Anteilen von Fett, Zucker, Salz und weiteren Geschmacksverstärkern schmeckt es so offensichtlich gut, dass wir weder mit dem Essen aufhören wollen noch können. Fett ist ein Geschmacksträger und leitet ein, dass sich die Geschmacksknospen auf der Zunge, der Mundschleimhaut und dem Gaumen öffnen. So reagieren die Sensoren auf weitere Geschmacksverstärker wie Glutamate und Hefen. Das sind oft keine Gewürze, sondern chemische Substanzen, die in unserem Gehirn ein künstliches Hungergefühl auslösen. Dadurch bekommen wir während des Essens noch mehr Appetit – ein wahrer Teufelskreis!

Was der Blutzuckerspiegel bewirkt

Der hohe Zuckeranteil in dieser Nahrung sorgt für einen rasanten Anstieg des Blutzuckerspiegels und unser Körper schüttet Insulin aus – es ist das Hormon, das den Blutzuckerspiegel reguliert. Es wäre allerdings für ein gesundes Wohlgefühl immer empfehlenswert, dass unser Insulinspiegel weder zu hoch noch zu niedrig ist. Zuckerhaltige Mahlzeiten sorgen aber für eine große Ausschüttung an Insulin, so schnell der Blutzuckerspiegel gestiegen ist, so schnell fällt er auch wieder ab, möglicherweise sogar noch tiefer als vor der Mahlzeit.

Daraus resultierend bekommen wir Heißhungerattacken – und essen ziemlich wahrscheinlich weiter. Wir wissen alle, wie schlimm und unbefriedigend Heißhungerattacken sind und wie schlecht wir uns danach fühlen. Von guter Laune ist hier also keine Spur! Die mangelnde Nährstoffversorgung, das Auf und Ab der Hormone wird obendrein noch von Symptomen wie Abgeschlagenheit, Müdigkeit, Konzentrationsschwäche und Kopfschmerzen begleitet.

- → Greifen Sie ruhig lieber auch mal zu Tiefkühlkost als zu Produkten aus dem Gewächshaus. Tiefkühlkost wird nämlich saisonal produziert und braucht darum meist keinen Pflanzenschutz.
- → Essen Sie vielseitig und abwechslungsreich. Dabei sollten Obst, Gemüse, Hülsenfrüchte und Vollkorngetreide an erster Stelle stehen, ergänzt von Milchprodukten, Fisch, Geflügel und magerem Fleisch. So empfiehlt es die Deutsche Gesellschaft für Ernährung (DGE).
- → Achten Sie auf Inhalts- und Zusatzstoffe. Wenn Sie im Supermarkt einkaufen, werfen Sie ruhig einmal einen Blick auf die Zutatenliste. Als meine Einkaufsempfehlung gilt: Weniger als fünf Zutaten sind gerade noch okay, alles andere sollte nicht im Einkaufswagen landen.

Bio für die gute Laune

Wir müssen versuchen, so frisch und abwechslungsreich wie möglich zu essen. Bio sollte für alle Standard sein, für Mensch, für Tier und die Umwelt.

> „Du bist, was du isst …"
> Das hat der Philosoph Ludwig Feuerbach schon im 19. Jahrhundert gewusst.

Das Wort „bio" kommt aus dem Griechischen und bedeutet „Leben". Und deshalb sollten per se eigentlich alle Lebens- und Nahrungsmittel biologisch oder pestizidfrei oder doch zumindest stark pestizidreduziert erhältlich sein. Ein Patentrezept gibt es nicht, aber die Empfehlung ist: Kaufen Sie Bio-Produkte oder andere Lebensmittel aus naturnaher Produktion. Hier sind sämtliche chemisch-synthetischen Pestizide tabu oder es wird wenig gespritzt. Untersuchungen ergeben immer wieder, dass in Bio-Produkten kaum Pestizide nachweisbar sind – in den allermeisten konventionellen Produkten dagegen schon. Hierbei ist wichtig, dass wir dann auch annehmen können, in Bio-Lebensmitteln mehr Nährstoffe vorzufinden, denn bei biologischer Landwirtschaft werden die Böden nicht ausgelaugt, sondern mit Regenwürmern und lebenden Mikroorganismen bevölkert. Dass auch Bio-Produkte nicht absolut pestizidfrei sind, liegt an der generell übergreifenden Verunreinigung etwa durch benachbarte, konventionell bewirtschaftete Felder und Anbauflächen.

So werden Nahrungsmittel bunter, süßer, knackiger und haltbarer!

Klassenname	Verwendung	E-Nummer
Farbstoffe	geben dem Nahrungsmittel die Farbe oder stellen sie wieder her	E 100–180
Konservierungsstoffe	verlängern die mikrobiologische Haltbarkeit	E 200–290, E 1105
Antioxidationsmittel	schützen vor oxidativer Veränderung	E 300–321
Verdickungsmittel	erhöhen die Viskosität	E 400–469
Geliermittel	verfestigen durch Gelbildung	E 1405–1451
Emulgatoren	Aufrechterhaltung und Ermöglichung von Dispersion bei nicht mischbaren Phasen	E 322–442, E 470–495
Trennmittel	verhindern das Verkleben von Nahrungsmittelpartikeln	E 530–570
Geschmacksverstärker	verstärken den Geschmack und Geruch	E 620–640
Schaumverhüter	verhindert oder verringert die Schaumbildung	E 570–900
Überzugsmittel	Gleitmittel für einen glänzenden Schutzüberzug	E 901–914
Pack-, Treib- und Schutzgase	stabilisieren das Produkt in der Packung	E 938–948, E 290
Süßungsmittel, Süßstoffe, Zuckeralkohole, Zuckeraustauschstoffe	geben dem Produkt einen süßen Geschmack	E 420–421, E 950–967
Modifizierte Stärken	native oder aufgeschlossene Stärken, deren Verdickungswirkung durch chemische Umsetzung gezielt verbessert wurde	E 1404–1451
Säuerungsmittel	regulieren den Säuregrad und Sauergeschmack des Produkts	E 290–297, E 325–380
Schmelzsalze	zur Herstellung von Schmelzkäse	E 450–452
Backtriebmittel	setzen ein Gas frei und lockern damit Gebäck	E 500–530
Festigungsmittel	festigen das Zellgewebe von Obst und Gemüse	E 570–578

Zusatzstoffe

Zusatzstoffe machen Lebensmittel haltbarer, sorgen für eine bessere Konsistenz oder verbinden unterschiedliche Stoffe miteinander. Doch sie stehen auch in Verdacht, unserer Gesundheit erheblich zu schaden. Die Europäische Behörde für Lebensmittelsicherheit ist für die Zulassung von Zusatzstoffen innerhalb der Europäischen Union zuständig, es werden sogenannte E-Nummern vergeben. Nur wenn ein Zusatzstoff bei der vorgeschlagenen Menge für die Verbraucher als gesundheitlich unbedenklich eingestuft wird, wird er zugelassen. Die Menge gilt dann aber nur für das eine Produkt als unbedenklich. Wenn Sie also mehrere verschiedene Produkte mit den jeweiligen Zulassungsgrenzwerten zu sich nehmen, dann summiert sich die Dosis. Noch wichtig zu wissen: Einige dieser Stoffe hemmen die Aufnahme von Vitaminen, Mineralstoffen und Spurenelementen und deren Verstoffwechselung, die wir für unsere Glückshormon-Produktion benötigen. Zudem belasten sie unseren Körper und unsere Entgiftungsorgane.

Zusatzstoffe sind nach dem Lebensmittel- und Futtermittelgesetzbuch (LFGB) Stoffe mit oder ohne Nährwert, die einem Nahrungsmittel aus technologischen Gründen zugesetzt werden. Da Lebensmittelzusatzstoffe ein komplexes Thema sind, habe ich einige herausgesucht, die ich absolut zu vermeiden versuche.

Auf das Kleingedruckte achten

Und es gibt noch weitere Zusatzstoffe wie Füllmittel, die das Volumen, aber nicht den Nährstoff erhöhen; Feuchthaltemittel, die das Austrocknen verhindern; Mehlbehandlungsmittel, die das Backverhalten von Getreideprodukten verbessern; Kaumasse für Kaugummis und viele weitere. Nicht allen Zusatzstoffen sind E-Nummern zugeordnet. Es gibt auch Zusatzstoffe, denen andere Grenzwerte und Einteilungen zugrunde liegen und die somit keine E-Nummer-Kennzeichnungspflicht haben. Solche sind z. B. Geschmacksverstärker wie Hefeextrakte, Fleischextrakte, Speisewürze, Tomatenserum usw. Sogar hinter der Aufschrift „+ Vitamin C", die uns Verbrauchern vorgaukeln will, dass das Produkt aufgrund des zugesetzten Vitamin C noch gesünder ist, steckt ein chemischer Zusatzstoff, nämlich Ascorbinsäure E 300, ein Säuerungs- und Konservierungsmittel. Hefeextrakt z. B. hat keine E-Nummer und darf deshalb auch in Bio-Produkten verwendet werden. Er wird aus Hefe gewonnen. Bis hierher hört es sich noch ganz harmlos an. Beim Eindampfen entsteht aus Hefe Hefezellsaft, der Glutaminsäure enthält, die wiederum ein geschmacksverstärkender Stoff ist. Die meisten Zusatzstoffe werden als nicht gesundheitlich bedenklich eingestuft. Aber auch hier machen es die Menge und Kombination der Stoffe aus. Wenn diese Zusatzstoffe etwas mit den Nahrungsmitteln machen, also sie verändern, bin ich der Meinung, dass sie sicherlich auch eine Wirkung auf uns und unseren Organismus haben. Maltodextrin z. B. ist ein geschmacksverstärkender Zusatzstoff. Bei diesem Stoff wurde nachgewiesen, dass er nicht nur den Geschmack verstärkt, sondern auch unseren Appetit steigert.

Es gibt so viele verschiedene Zusatzstoffe, die keiner von uns alle kennen kann. Und um uns den Durchblick noch etwas zu erschweren, werden die Zusatzstoff-Informationen sehr klein und kaum lesbar, immer auf der Rückseite des Produkts aufgeführt. Auf vielen Produkten stehen mittlerweile keine E-Nummern mehr, sondern Kurkumin anstelle E 100 oder Agar-Agar anstelle von E 406 oder Benzoesäure für E 211 und Sorbinsäure für E 200. Die letzten beiden sind Konservierungsstoffe. E 407 ist Carrageen und E 413 ist Traganth, beides Verdickungsmittel.

Wer hat schon die Muße, sich im Alltagsstress damit zu beschäftigen? Hier ist einfach Vorsicht geboten und es gilt „weniger ist mehr!" Je weniger ein Lebensmittel verarbeitet ist, desto besser ist es für eine gesunde und vollwertige Ernährung einsetzbar. Die Menge an Zusatzstoffen ist fast unendlich – auf der nächsten Seite habe ich noch einige zusammengestellt, die eher bedenklich sind und bei denen es durchaus zu Reaktionen kommen kann.

Hier ist Vorsicht geboten!

E 110 Gelborange

Gehört zu den umstrittenen Azofarbstoffen, färbt z. B. Wackelpudding ein. Es kann Allergien auslösen, vor allem bei Menschen, die empfindlich auf Aspirin oder Benzoesäure E 210 reagieren. Es ist aber auch bedenklich für Personen mit Pseudoallergien wie Neurodermitis, Nesselsucht oder Asthma. Eine Pseudoallergie ist eine Körperreaktion, bei der das Immunsystem nicht beteiligt ist. Zu den Azofarbstoffen gehören weitere umstrittene Farbstoffe wie Tartrazin E 102, Azorubin E 122, Cochenillerot A E 124, Allurarot E 129, Chinolingelb E 104. Bei Kindern, die auf knallbunte Nahrungsmittel wie Eis, Bonbons und Limonaden besonders anspringen und daher viele solcher Produkte verzehren, stehen diese Stoffe in Verdacht, zu Hyperaktivität und Aufmerksamkeitsstörungen zu führen. Deshalb müssen die Produkte auch mit einem Warnhinweis gekennzeichnet werden. Dies ergab eine Studie der Universität Southampton von 2007. Der Konsum von Lebensmittelfarbstoffen (Azofarbstoffe und Chinolingelb) zusammen mit dem Konservierungsstoff Natriumbenzoat bewirkt, dass die Kinder insgesamt aufgeregter und zappeliger erschienen.

E 620 Glutaminsäure

Ist ein Geschmacksverstärker und wird biotechnologisch hergestellt durch genveränderte Bakterien. Er ist oft in Fertiggerichten und z. B. in asiatischem Essen, Sojasaucen, Tomatensauce und Parmesan enthalten. Für Asthmatiker oder Neurodermitispatienten ist er bedenklich. In höheren Dosen kann Glutamat bei empfindlichen Menschen das sogenannte „China-Restaurant-Syndrom" auslösen: Schläfendruck, Kopfschmerzen, Herzklopfen, ein Taubheitsgefühl und Steifheit im Nacken, Rücken und Armen. Betroffen sind eher Menschen europäischer Abstammung, während Asiaten besser angepasst sind. In Tierversuchen wurde herausgefunden, dass E 620 unseren Appetit stimuliert und in erhöhter Dosis bei Jungtieren Übergewicht durch ein verzögertes Längenwachstum („stunted growth") fördert. Wichtige Zusatzinformation: Glutamat hat mittlerweile einen schlechten Ruf, deshalb werden von manchen Herstellern andere Begriffe dafür gewählt, um den Einsatz zu verschleiern. Ein besonders verräterischer Hinweis auf Geschmacksverstärker ist die Formulierung „ohne geschmacksverstärkende Zusatzstoffe". Oder „ohne Zusatzstoff Glutamat". Stattdessen sind geschmacksverstärkende Zutaten zugesetzt wie „Hefeextrakt", „Würze", „Tomatenserum" oder ganz simples „Aroma".

E 407 Carrageen

Wird als Gelier- und Verdickungsmittel verwendet und aus Rotalgen gewonnen. Es emulgiert und stabilisiert. Eingesetzt wird es z. B. für die Herstellung von Pudding, Brotaufstrich, Konfitüren, Desserts, Gelees, Eiscreme und Frischkäse.
Wichtige Zusatzinformation: E 407 ist auch für Bio-Produkte und in der EU zudem für „Kleinkindnahrung" und „Sahneprodukte mit lebenden Bakterien" zugelassen. Es kann bei hoher Dosierung die Aufnahme von Mineralstoffen wie Kalzium behindern und abführend wirken. In Einzelfällen kann es zu Allergien kommen. In Tierversuchen mit Nagern wurden zudem Entzündungen im Darm festgestellt teilweise auch Veränderungen am Immunsystem. Der Verdacht liegt also nahe, dass diese Stoffe womöglich ein Risiko für Menschen mit Darmentzündungen darstellen.

E 320 Butylhydroxyanisol (BHA)

Ist ein Antioxidationsmittel und ein synthetischer Radikalfänger. BHA wirkt konservierend und schützt Nahrungsmittel bei Kontakt mit Sauerstoff vor dem

Verderben. Es hilft, sie optisch ansehnlich zu erhalten. E 320 und E 321 sind in Tütensuppen, Kaugummi, Knabberartikeln, Marzipan, Fertigsuppen, Instantkartoffeln und Backmischungen zu finden. Es kann bei hoher Konzentration zu Benommenheit führen und steht im Verdacht, Allergien auszulösen.
Beide Stoffe reichern sich im menschlichen Fettgewebe an und gelangen in den Fötus und die Muttermilch. Daher sollten vor allem Schwangere oder Stillende diesen Stoff meiden.

E 951 Aspartam

Ist ein Süßstoff, der eine 200-mal höhere Süßkraft als Zucker hat. Zudem ist es ein Geschmackverstärker und wird aus zwei synthetischen Aminosäuren erzeugt. E 951 wird oft in kalorienreduzierten Lebensmitteln eingesetzt, was allerdings umstritten ist, denn in Tierversuchen bewirkte er eine schnellere Gewichtszunahme. Es wird diskutiert, ob Aspartam Übergewicht fördert. Mehr als 40 mg pro kg Körpergewicht am Tag sollte man nicht zu sich nehmen. Aspartam ähnelt körpereigenen Botenstoffen (Peptidhormonen). Empfindliche Menschen berichteten nach Verzehr über Kopfschmerzen, Benommenheit, Gedächtnisverlust, Sehstörungen und/oder Hyperaktivität. Es wird als Ursache von Fettleber und Diabetes diskutiert. Sehr problematisch ist Aspartam für Patienten mit Phenylketonurie, ein seltener, angeborener Enzymdefekt. Aus diesem Grund befindet sich auf dem Etikett der Warnhinweis: „Enthält eine Phenylalaninquelle".

E 953 Isomalt

Isomalt ist ein künstlicher Zuckeraustauschstoff, der aus Zuckerrüben (Saccharose) hergestellt wird. Dabei wird Zucker biotechnologisch in Traubenzucker und Fruchtzucker gespalten und danach wieder neu, aber „falsch" zusammengesetzt. So entsteht Isomaltulose, die wiederum katalytisch mit E 949 (Wasserstoff) zu Isomalt hydriert wird. Das Produkt ist etwa halb so süß wie Zucker und maskiert den unangenehmen Beigeschmack einiger Süßstoffe. Ab einer Menge von 20 g (diese Menge ist in ungefähr einer halben Tafel Diätschokolade enthalten) kann es Blähungen oder Durchfall verursachen. Mehr als 50 g am Tag sollte man nicht essen. Isomalt wird nicht von den Verdauungsenzymen, sondern von der Darmflora abgebaut, dadurch kommt es zu vermehrter Gasbildung im Darm.
Weitere Süßstoffe:
Acesulfam (E 950), Cyclamat (E 952), Saccharin (E 954) und Thaumatin (E 957) sind vor allem für Kinder bedenklich und sollten nicht in größeren Mengen zu sich genommen werden.

E 450 Diphosphate

Diphosphate dienen in Nahrungsmitteln je nach Anwendung als Säureregulatoren, Emulgatoren, Backtriebmittel und Komplexbildner. Sie unterbinden auch die Vergrauung von Nahrungsmitteln wie z. B. bei Kartoffelprodukten (Pommes).
Zur Graubildung kommt es, wenn Eisenspuren und Polyphenole der Kartoffeln mit Sauerstoff in Kontakt kommen. E 450 neutralisiert das Eisen.
Weitere Einsatzgebiete sind: zum Cremigmachen von Schmelzkäse, als Emulgator bei Backwaren wie Keksen (spart Eier), als Gerinnungshemmer von Eiereiweiß bei einer Hitzebehandlung, zur Verbesserung der Schlagfähigkeit von Sahne, als Gelierregulator für viele Verdickungsmittel, als Emulgator für Saucenpulver, zur Erhöhung des Wassergehalts von Schinken und Brühwurst, zur Vermeidung von Wasserverlusten bei Fisch und zur Regulation der Eiskristallstruktur von Speiseeis. Ja, und in Colagetränken ist es auch zu finden.
Wichtige Zusatzinformation: In hoher Konzentration können Diphosphate die Aufnahme von Kalzium, Magnesium und Eisen im Körper behindern. Polyphosphate beeinflussen den Kalziumstoffwechsel des Menschen.

Essen – eine saubere Sache

Ganz klar hat sich die Art und Weise, wie wir Lebensmittel herstellen, Obst und Gemüse anbauen und Nahrungsmittel produzieren, in den letzten 30 Jahren sehr verändert. Alles wird jetzt viel schneller hergestellt. Der Teig für Brote hat keine Zeit mehr zu gehen und seine Enzyme zu entwickeln, die uns dann wieder den Vorgang der Verdauung und der Nährstoffaufnahme erleichtern würden. Obst und Gemüse werden oft unreif geerntet und reifen dann zwar farblich nach, aber die Inhaltsstoffe bleiben dabei auf der Strecke. Das heißt, wir haben uns zwar in vielerlei Hinsicht weiterentwickelt, aber in vielen Punkten, gerade was Qualität angeht, große Rückschritte gemacht. Das bedeutet, unsere Teller sind oft übervoll, aber im Essen ist meistens nicht viel Gutes mehr drin.

Deshalb gehen das Verlangen und der Appetit immer mehr in Richtung Clean Eating, was übersetzt sauberes Essen bedeutet. Das sollte auf Ihrem Speiseplan stehen:

- Lebensmittel ohne künstliche Zusatzstoffe
- Lebensmittel ohne raffinierten Zucker
- Lebensmittel aus umweltschonender Herstellung
- Regional & saisonal
- Frisch & selbst zubereitet
- Viel Gemüse & viele Vollkornprodukte

Beim Clean Eating wird viel mit frischen und saisonalen Lebensmitteln selbst gekocht. Clean Eating führt dazu, dass Sie sich intensiver mit Ihrer Ernährung, den Herstellungsweisen und dem Thema Nachhaltigkeit beschäftigen.

Die richtige Nährstoffzufuhr

Essen soll uns Energie und Kraft liefern und mit Nährstoffen wie Kohlenhydraten, Eiweißen, Fetten, Vitaminen, Mineralstoffen und Wasser versorgen. Durch sie erhalten wir die Funktionen unseres Körpers in einem ausgewogenen Gleichgewicht. Diesen Idealzustand nennen wir dann ganz banal Gesundheit.

Nährstoffe sind verwertbare Lebensmittelbestandteile, die wir entsprechend ihren Aufgaben im Körper als Nährstoffe bezeichnen. Sie werden noch mal unterteilt in Makro- und Mikronährstoffe. Zu den Makronährstoffen gehören Kohlenhydrate, Eiweiße und Fette. Eine ausgewogene Ernährung sollte sich wie folgt zusammensetzen:

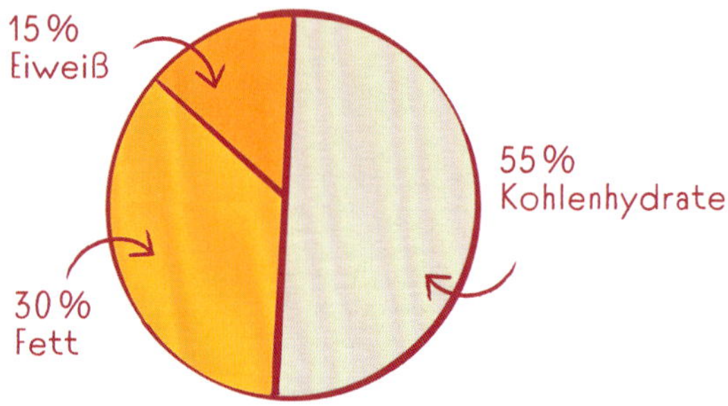

Zu den Mikronährstoffen gehören Vitamine, Mineralien, sekundäre Pflanzenstoffe, Wasser und Ballaststoffe – sie spielen besonders bei der Verdauungstätigkeit unseres Darms eine entscheidende Rolle.

Die richtige Nährstoffzufuhr sorgt dafür, dass die Stoffwechselprozesse in unserem Körper unauffällig, aber höchst professionell und effektiv vor sich hinarbeiten. Als Stoffwechsel oder Metabolismus bezeichnet man die Gesamtheit aller chemischen und physikalischen Vorgänge in unserem Körper, also die Vorgänge der Umwandlung von Nahrungsmitteln und Sauerstoff in unserem Organismus. Alle Lebensvorgänge sind an eine ständige Aufnahme und Abgabe von Stoffen = Stoffwechsel gebunden. Diese biochemischen Vorgänge dienen dem Aufbau, Abbau, Erhalt und Ersatz von Körpersubstanz.

Ernährungsweisen sind dynamisch und ändern sich, das haben sie immer gemacht, das ist für das Überleben des Menschen notwendig. Um sich bei Ernährungsempfehlungen besser zurechtzufinden, gibt es seit Jahrzehnten die sogenannten Ernährungs- oder Lebensmittelpyramiden, die von verschiedenen Instituten, hier z. B. von der DGE (Deutsche Gesellschaft für Ernährung) erstellt werden.

Die verschiedenen Ernährungspyramiden von 1970 bis 2020 zeigen, wie sich die Empfehlungen der Institute aufgrund der gesellschaftlichen Veränderungen über die Jahre verschoben haben.

1970 bestand das Fundament der Ernährungspyramide noch aus Brot und Backwaren.

1970

2010

Beides wird 2010 und 2020 nur noch in einem sehr reduzierten Maß empfohlen.

In beiden Jahren haben Obst und Gemüse den größten Anteil auf dem Ernährungsplan. Dazu kommt die Empfehlung, genügend zu trinken.

2020

Ein funktionierender Stoffwechsel ist das A und O

Denn nur wenn die unterschiedlichen Stoffwechselprozesse im Fluss sind, dann können wichtige Nährstoffe zu den Zellen transportiert werden und Stoffwechselendprodukte von den Zellen abtransportiert werden.

Wir sprechen zwar im Übergriff nur von dem Stoffwechsel, aber es gibt unterschiedliche Stoffwechsel, wie z. B. den Fettstoffwechsel, den Energiestoffwechsel, den Zellstoffwechsel. Für alle chemischen Vorgänge in unserem Körper gelten dieselben Empfehlungen:

- Trinken Sie genug.
- Setzen Sie auf komplexe Kohlenhydrate.
- Teilen Sie Ihre Mahlzeiten auf.
- Schlafen Sie ausreichend.
- Nehmen Sie ausreichend Eiweiß zu sich.
- Sorgen Sie für genügend Bewegung.

Jeder weiß und fühlt es selbst, ein blauer Himmel und Sonnenschein, ein Spaziergang in der Natur, Bewegung allgemein verstärkt die antidepressive Wirkung von Essen, aber auch ein nettes Kompliment und ein Lächeln, das einem jemand schenkt, ein Lottogewinn oder eine Gehaltserhöhung kann durchaus Auslöser einer guten Laune sein. Gute Laune und ein positives Lebensgefühl setzen sich wie auch die schlechte Laune oder ein Unwohlsein aus mehreren Faktoren zusammen. Ist gute Laune ein Gefühl, ein Zustand oder gar ein Resultat? Ich denke, es ist ein Ergebnis aus verschiedenen Multiplikatoren.

Guter Schlaf für gute Laune

Wer gut schläft, hat auf jeden Fall schon die Hälfte der guten Laune in der Tasche. Ein guter Schlaf ist für unseren Energiestoffwechsel wahnsinnig wichtig. Wenn wir die Augen zumachen, dann fängt unser Körper an, für uns zu arbeiten, es finden verschiedene Aufbau- und Reinigungsprozesse statt. So werden Proteinablagerungen abgetragen, das sind Ablagerungen, die die Aktivität der Nervenzellen stören. Wir schütten aber auch verschiedene Hormone im Schlaf aus und zwei Protagonisten sind hier ganz besonders wichtig für unser Essverhalten und unsere Fettregulierung. Zum einen ist es das Leptin und zum anderen das Ghrelin. Wer gut schläft, schüttet Leptin aus. Dieses Hormon sorgt für ein zufriedenes, angenehmes Sättigungsgefühl. Wer nicht gut schläft, schüttet mehr Ghrelin aus. Dieses Hormon baut kein Sättigungsgefühl auf und unterstützt ständigen Heißhunger.

Sie sehen also, die Ernährung, die Aufnahme von Nährstoffen, die Stoffwechselprozesse, die Reinigungs-Auf-und-Abbauvorgänge, die Produktion von Hormonen und ihre Auswirkungen auf unser Wohlbefinden sind ein ziemlich gut ausgetüfteltes System. Das, wenn es im Gleichgewicht ist, einfach und unbemerkt funktioniert. Deshalb schenken wir diesen Abläufen, wenn es uns gutgeht, auch keine besondere Beachtung. Damit geht uns aber der natürliche Bezug zu unserem Körper verloren. Ich finde das äußerst schade, denn schon allein zu wissen und ein Verständnis dafür zu haben, was in unserem Körper passiert, löst in mir ein unglaubliches Wohlbefinden aus. Wenn wir uns also wieder mehr mit uns befassen und auf diese Weise ein besseres Körperbewusstsein bekommen, dann können wir auch wirklich anfangen, unseres eigenen Glückes Schmied und unserer eigener guten Laune Koch zu sein.

Die beste Zeit für Mahlzeiten

Bei all dem, was wir hier schon angesprochen haben, fehlen nun noch die Empfehlungen dafür, wann und wie wir essen sollten. Wann wir essen sollten, dazu gibt es verschiedene Theorien, und es gibt bestimmt auch einige Menschen, die meinen, es wäre egal. Aber mitnichten. Auch hierzu gibt es schon seit Jahrhunderten einen Ratschlag aus der ayurvedischen Ernährung:

> „Iss morgens wie ein Kaiser,
> mittags wie ein König
> und abends wie ein Bettelmann."

In unseren heutigen Tagesabläufen essen wir der Menge nach jede Mahlzeit wie ein Kaiser und naschen zwischendurch auch noch wie ein König. Aber wie bei allem macht es die Qualität und nicht die Quantität. Essen wir also morgens z. B. drei Brötchen mit Industrie-Schokoladenaufstrich, war diese Mahlzeit nicht das, was mit kaiserlich gemeint ist, denn hier sind keine Nähr- und Vitalstoffe enthalten, aber viele leere Kalorien. Der Blutzuckerspiegel steigt schnell an und noch schneller wieder ab. Das führt dazu, dass wir schon vor dem Mittagessen wieder Appetit haben und einen schnell verfügbaren Riegel in uns reinstopfen. Die Folge: Wir werden nie richtig satt, weil wir nicht mit Nährstoffen versorgt werden.

Das Resultat ist, wir haben mittags Hunger für mindestens zwei Könige und dann nachmittags schon wieder Hunger auf einen Kuchen oder Snack. Die aus dem Ayurveda empfohlene Mahlzeit für einen Bettelmann am Abend fällt aus, denn wir haben den Jackpot gewonnen und müssen glücklicherweise nicht wie ein Bettelmann essen. Ist das wirklich der Jackpot? Und haben wir wirklich Glück?

Sorry, aber diese Art von Wohlstand tut uns nicht gut! Das wird sich in den nächsten Jahren auch noch weiter herauskristallisieren. Das Problem unserer heutigen Lebensgewohnheiten sind die häufigen Zwischenmahlzeiten und Snacks. Durch die permanente Zufuhr von Essen ist die Bauchspeicheldrüse, eines unserer wichtigsten Stoffwechselorgane, immerzu im Einsatz und produziert ständig das Hormon Insulin. Wird das zur dauerhaften Stresssituation für die Bauchspeicheldrüse, gewöhnt sie sich irgendwann an die hohen Blutzuckerspiegel und stellt die Insulinproduktion nach und nach ein. So entsteht dann Diabetes mellitus.

Weniger ist mehr

Wir müssen dafür sorgen, dass das, was auf unseren Tellern landet, Powerfood ist – dann brauchen wir von allem weniger und stehen trotzdem besser da. Werden satt und zufrieden und müssen nicht ständig etwas essen, um ein kurzes Sättigungsgefühl zu erlangen.

Wann und wie wir essen und was, ist aus mehreren Gründen sehr wichtig. Wir sollten so essen, dass unsere Organe gut versorgt, aber nicht be- und überlastet werden, denn dann erleichtern wir ihnen ihre Arbeit. Magen, Galle, Leber, Bauchspeicheldrüse, Nieren, Dünn- und Dickdarm – wir vergessen leider immer, dass unsere Organe für uns arbeiten und topfit sein sollten. Wir erwarten immer Höchstleistungen von ihnen und gönnen ihnen aber keine Pausen.

Es sei hier noch kurz erwähnt, dass unsere Magensäure einen pH-Wert von 1,5 bis 2,5 hat. Diese Flüssigkeit dient dazu, den im Magen ankommenden Speisebrei weiter zu zersetzen und zu desinfizieren, um den Brei optimal für den Dünndarm vorzubereiten, damit dort die für uns lebenswichtigen Nährstoffe aufgenommen werden können. Ich habe hier für Sie auf der nächsten Seite eine Übersicht zusammengestellt, damit Sie ein Gefühl dafür bekommen, wie lange Nahrungsmittel im Magen verweilen.

Es hängt natürlich auch von der Konsistenz, Struktur und Nährstoffdichte der zugeführten Lebensmittel ab. Die optimale Verdauung beginnt schon im Mund beim Kauen. Oft schlingen wir unsere Speisen nur noch hinunter. Meine Empfehlung ist, lassen Sie uns wieder etwas mehr genießen und bewusster essen.

Nahrungsmittel	Verweildauer im Magen
Getränke, Obst, Suppen	1 Stunde
Milch, Reis, Weißbrot, Kartoffeln gekocht	2 Stunden
Rührei, Sahne, Mischbrote, einige Gemüse, Fisch	3 Stunden
Vollkornbrot, Geflügel, Bratkartoffeln, viele Gemüse, Quinoa	4 Stunden
Hülsenfrüchte, Linsen, fetter Fisch, Fleisch	5 Stunden
Fette Speisen, Steak, Ölsardinen, Schweinebraten	6 Stunden

In der Ruhe liegt die Kraft

Wir sollten im Sitzen essen und nicht hektisch im Gehen. Nehmen Sie sich Zeit, riechen und schmecken Sie Ihre Mahlzeiten, dadurch werden nämlich rechtzeitig der Magensaft und die Verdauungsenzyme stimuliert. Kauen Sie Ihre Speise lieber 20- bis 30-mal. Das entlastet den Magen, denn durch das gründliche Kauen haben sich die festen und flüssigen Bestandteile schon sehr gut vermengt. Das erhöht außerdem das Volumen des Speisebreis und Sie sind schneller satt. Wie schon erwähnt, freut sich der Dünndarm so über den homogenen Speisebrei, um die Nährstoffe langsam und kontinuierlich aufspalten und resorbieren zu können. Lassen Sie sich Zeit beim Essen, essen Sie ruhig vernünftige große Portionen und halten Sie dann aber für mindestens vier Stunden Esspausen ein.

Damit die gute Laune nicht nur eine Momentaufnahme ist und mehr oder weniger unkalkulierbar bleibt, können wir unseren Speiseplan dahingehend überarbeiten, was wir wann und wie essen. Ich gehe bei der Beschreibung, sich gut gelaunt zu essen, noch etwas weiter. Wie wir alle wissen, liegen uns manche Sachen schwer im Magen und andere beflügeln uns. Wie wir essen und was wir wann essen, hat mit unserem Wohlbefinden auch sehr viel zu tun.

Dazu ist es hilfreich zu wissen, wie lange Speisen im Magen verarbeitet werden. Bitte beachten Sie auch hier, wenig gekaute Nahrung bedeutet Mehrarbeit für den Magen und eine längere Verweildauer. Und je fetter die Nahrung, desto langsamer passiert sie den Magen. Tierische Lebensmittel bleiben länger im Magen als pflanzliche. Ausnahmen sind z. B. Gurken, die schwerer verdaulich sind. Die Angaben im Kasten links sollen Anhaltswerte sein.

Fasten kann helfen

Beim sogenannten intermittierenden Fasten bzw. Intervallfasten werden 12- bis 16-stündige Esspausen über Nacht eingehalten. Dabei sinkt der Insulinspiegel, der Körper mobilisiert seine Fettreserven und die Insulinresistenz der Zellen sinkt, was einem Diabetes mellitus Typ 2 vorbeugt.

Probieren Sie es mal über ein paar Tage aus, Sie werden sich ziemlich schnell viel leichter fühlen und genau um diese Leichtigkeit des Seins geht es.

Was jetzt noch bleibt, ist die Überlegung, mit wem wir essen sollten, um zur guten Laune zu kommen. Mein Tipp: Genießen Sie Ihr gutes Essen mit jemandem, der es wie Sie schätzt. Schon das allein wird Sie froh stimmen. Aber auch wenn Sie allein essen, sollten Sie sich gutes Essen wert sein und etwas Frisches und Gesundes zubereiten. Wie bei fast allen meinen Rezepten können die Speisen gut vorbereitet werden und als Bowl und Meal Prep in die Arbeit mitgenommen werden.

Guten Appetit wünscht

Eure Andrea

AMARANT

Amarant (Amaranthus caudatus) wird oft als Pseudogetreide bezeichnet, ich finde aber, diese Beschreibung wird dem wunderbaren Lebensmittel nicht gerecht. Wer oder was auch immer „pseudo“ ist, Amarant ist es nicht!

Botanisch gesehen ist es ein Gemüse und gehört zur Gattung der Fuchsschwanzgewächse, wie z. B. auch der Sumach, auf den ich in der Kategorie Gewürze zu sprechen komme. Es gibt sehr viele verschiedene Amarantarten. Die Gattung Amaranthus beinhaltet etwa 60 bis 70 Arten. Amarant stammt wie Quinoa aus Mittel- und Südamerika und war bei den Hochkulturen der Inka, Azteken und Maya ein Hauptnahrungsmittel. Den Azteken war das Wunderkorn sogar heilig.

Pseudogetreide mit Power

Amarant zählt zu den ältesten Kulturpflanzen der Welt. Die winzigen Samen sind kleiner als Senfkörner und glutenfrei. Sie können ähnlich wie Getreide verarbeitet werden, daher auch der Begriff Pseudogetreide. Das hört sich nicht vorteilhaft an, ist aber für unsere heutige Ernährung von großer Wichtigkeit, denn die zunehmende Unverträglichkeit auf das hochgezüchtete Getreide mit immer mehr Glutenanteil (Klebereiweiß), das dann noch mit Glyphosat vermischt ist, belastet unseren Organismus sehr. Und führt zu immer mehr Unwohlsein, Völlegefühl und Verdauungsbeschwerden. Ich finde, wir sollten die isolierten Kohlenhydrate von unserem Speiseplan verbannen. Dazu gehören Zucker, Weißmehlprodukte, aber auch z. B. polierter Reis. All diese Stoffe wirken sich negativ auf unseren Stoffwechsel aus. Ich merke es am eigenen Körper, dass ich mich schlapp fühle, wenn ich mich dazu verleiten lasse, z. B. glutenhaltige Backwaren zu essen. Wir halten also fest: Amarant ist frei von dem Klebereiweiß Gluten – dafür aber reich an wertvollen Vital- und Mineralstoffen. Besonders Aminosäuren, Protein, Kalzium, Magnesium und Eisen sind in den winzigen Powerkörnchen in nahezu konkurrenzlos großen Mengen enthalten.

Die Eiweißbombe Amarant

Keine Getreidesorte weist einen so hohen Anteil an hochwertigen, bioverfügbaren Proteinen auf wie Amarant. Der Eiweißgehalt von 16 g auf 100 g Amarant ist höher als der vieler Getreidesorten. Er ist also nicht nur für Sportler, sondern auch für alle Menschen, die leistungsfähig und gut gelaunt sein wollen, sehr zu empfehlen. Die großartigen Inhaltsstoffe liefern alles für unseren Muskelaufbau und fördern zudem die Fettverbrennung. Amarant ist eine gute Quelle für essenzielle Aminosäuren wie L-Lysin

Die Aminosäure L-Lysin kann zusammen mit Arginin den stressbedingten Cortisolspiegel mindern.

und Arginin. Essenziell bedeutet, dass die Nährstoffe nicht vom Körper selbst hergestellt werden können, sondern mit der Nahrung aufgenommen werden müssen.

Die Aminosäure L-Lysin kann den stressbedingten Cortisolspiegel und Ängste durch die Blockierung der Stressrezeptoren hemmen. Besonders die essenziellen Aminosäuren sind es, denen nachgesagt wird, Krankheiten wie Kopfschmerzen, Blähungen, Völlegefühl und depressive Verstimmungen lindern zu können. Amarant enthält außerdem viele Vitamine der B-Gruppe, die wichtig für die Nerven sind, sowie Vitamin C und E, die entzündungshemmend wirken und das Immunsystem stimulieren. Unter den Mineralstoffen sind insbesondere Kalium, Kalzium, Magnesium und Eisen in Amarant reichlich vorhanden. Somit kann ich guten Gewissens sagen: Amarant ist Happy-Mood-Food.

Kleines Korn, großer Auftritt

Es gibt Amarant in verschiedenen Darreichungsformen: Gepufft oder gepoppt eignet er sich für Müslis oder generell als Topping oder zur Verarbeitung von Kräckern oder süßen Schnitten. In seiner ursprünglichen Art als Samen kann Amarant für herzhafte Gerichte verwendet werden oder zum Weiterverarbeiten zu frischem Amarantmehl für glutenfreie Backwaren. Beim Kochen entfaltet Amarant einen nussigen Geruch und Geschmack.

So sollte Amarant zubereitet werden:

1. Den Amarant in einem sehr feinen Sieb unter fließendem warmem Wasser waschen, bis das abfließende Wasser klar ist.

2. Dreimal so viel Wasser wie Amarant in einen Topf geben, leicht salzen oder in einer leichten Gemüsebrühe ansetzen. Das Wasser zum Kochen bringen und den Amarant hinzufügen. Die Körner kurz aufkochen lassen.

3. Anschließend die Hitze herunterschalten und die Körner etwa 20 bis 30 Minuten leise vor sich hin köcheln lassen. Der Amarant sollte in dieser Zeit zu einer breiigen Masse verkocht sein.

4. Der Amarant braucht nun Zeit zum Nachquellen, dafür den Topf von der Herdplatte nehmen und mit geschlossenem Deckel 10 bis 20 Minuten stehen lassen. Dadurch werden die gekochten Körner wieder etwas „fluffiger".

5. Den Amarant mit einer Gabel auflockern.

6. Amarant kann in größerer Menge auch vorgekocht werden, er hält sich im Kühlschrank mindestens 5 Tage.

Amarant mit Gemüse

Zubereitungszeit: ca. 20 Min.
Für 2–3 Personen

Zutaten:

½ Brokkoli
4–5 Stängel glatte Petersilie
2 Möhren
1 kleine Zucchini
½ Stange Lauch
1 Spitzpaprika
1 kleiner Fenchel
1–2 Knoblauchzehen
1–2 EL Pflanzenöl
Steinsalz
Pfeffer aus der Mühle
Sumach-Gewürzmischung (siehe S. 113) oder geräuchertes Paprikapulver
50 ml Gemüsebrühe
300 g gekochter Amarant (siehe S. 23)

Petersilie kann mehr als nur Deko sein. Das robuste Kraut ist wichtiger Nährstofflieferant für die Vitamine A, B, C, E, Folsäure und Eisen und damit entwässernd, entgiftend und belebend. Das ätherische Öl Myristicin kann in größeren Mengen eine psychotrope Wirkung haben. Mehr als ein Blatt Petersilie als Deko tut der Gesundheit und der guten Laune also durchaus gut.

Zubereitung:

1. Gemüse und Kräuter waschen. Brokkoliröschen und Petersilienstängel klein schneiden. Die Petersilienblätter beiseitelegen. Die Möhren gut mit einer Gemüsebürste putzen, dann müssen sie nicht geschält werden, und in Stücke schneiden. Zucchini und Lauch putzen, die Paprika halbieren und Strunk und Kerngehäuse entfernen. Paprika und Zucchini in etwas größere Stücke schneiden und den Lauch in ca. ½ cm dicke Scheiben schneiden. Den Fenchelstrunk herausschneiden und den Rest klein schneiden. Den Knoblauch schälen und klein schneiden.

2. Brokkoli, Zucchini, Paprika, Fenchel und Möhren dämpfen, wie auf Seite 42 beschrieben.

3. Das Öl in einer Pfanne erhitzen und den Knoblauch und Lauch darin leicht andünsten. Die Gewürze dazugeben und mit der Gemüsebrühe ablöschen. Den gekochten Amarant sowie das gedämpfte Gemüse dazugeben. Alles gut vermischen und mit Salz und Pfeffer abschmecken. Mit der Petersilie bestreuen und nach Belieben mit frisch gemahlenem Pfeffer würzen.

Knuspriges Knäckebrot

Mehrere Studien belegen, dass das Geräusch des Knusperns das Gehirn anregt und glücklich macht. Deshalb essen wir so gern Knuspriges. Leider ist das nicht immer gesund, vor allem wenn es süß ist und viel Zucker enthält. Dieses Knäckebrot ist herzhaft und enthält gesunde Saaten und Nüsse.

Zubereitungszeit: ca. 1 Std. plus Abkühlzeit

Für 1 Backblech

Zutaten:

110 g Amarant
25 g Leinsamen
20 g ganzer Kümmel
25 g helle Sesamsamen
20 g Kürbiskerne
50 g Sonnenblumenkerne
65 g grobe Haferflocken
5 g Kurkumapulver
½ TL Steinsalz
Pfeffer aus der Mühle
1 EL Olivenöl

Schon allein die leuchtend gelbe Farbe von Kurkuma, auch Gelbwurz genannt, bereitet gute Laune. Der dafür verantwortliche Farbstoff Curcumin hat außerdem positive Wirkungen auf den Magen-Darm-Trakt bei Blähungen und Völlegefühl.

Zubereitung:

1. Den Amarant, wenn möglich, frisch zu Mehl mahlen, das geht auch in einem Mixer. Leinsamen und Kümmelsamen dazugeben und kurz durchmixen.

2. Sesam, Kürbis- und Sonnenblumenkerne, Haferflocken, Kurkuma, Salz und Pfeffer dazugeben und mischen. 250 ml Wasser und das Olivenöl hinzufügen und alles mit einem Löffel gut vermischen. Die Masse 5 bis 10 Minuten ruhen lassen. In dieser Zeit wird aus der eher flüssigen Mischung ein zäher Brei.

3. Den Backofen auf 150 bis 170 °C (Umluft) vorheizen. Ein Backblech mit Backpapier belegen. Die Knäckebrotmasse so dünn wie möglich mit einem Silikonschaber auf dem Backblech verstreichen.

4. Den Teig 15 Minuten im heißen Ofen backen. Herausnehmen und erst längs, dann quer nach Belieben auf dem Backblech in Stücke teilen und weitere 20 Minuten backen. Das Knäckebrot wenden und weitere 15 Minuten backen. Zum Knäckebrot nach Belieben einen Kräuterquark servieren.

Amarant-Powerballs

Die Bällchen zum Naschen, fürs Picknick oder zum Knabbern für zwischendurch liefern eine geballte runde Portion Eiweiß. Statt zu Schokolade sollte man mal lieber zu den Powerballs greifen, um das nachmittägliche Konzentrationstief schnell zu überwinden.

Zubereitungszeit: ca. 15 Min. plus 1–2 Stunden Einweichzeit
Für 20–25 Stück

Zutaten:
100 g Cashewkerne
100 g getrocknete Feigen oder Datteln
1 EL Leinsamen
1 TL Zimtpulver
1 TL frisch gepresster Zitronensaft
Steinsalz
35 g gepuffter Amarant

Zubereitung:

1. Die Cashewkerne 1 bis 2 Stunden in Wasser einweichen. Dann abspülen und mit den Trockenfrüchten in den Mixer gegeben. Mixen, bis eine klebrige und sämige Masse entstanden ist.

2. Dann Leinsamen, Zimt, Zitronensaft und 1 Prise Salz dazugeben und erneut kurz mixen. Die Masse in eine Schüssel geben und mit dem Amarant vermischen. Zu Bällchen formen und mindestens 1 Stunde in den Kühlschrank legen.

Cashewkerne enthalten eine große Menge der Aminosäure Tryptophan. Sie sind also auch ein perfektes „Happy Food", das den Botenstoff Serotonin, umgangssprachlich auch Glückshormon genannt, ausschüttet. Er wirkt unter anderem antidepressiv, stimmungsaufhellend, entspannend und schlaffördernd. Cashewkerne verfügen über viele B-Vitamine, die für unser gesamtes Nervenkostüm von Vorteil sind.

BOHNEN

Das interessiert mich nicht die Bohne – kennen Sie diese Redewendung? Woher kommt sie eigentlich und warum sollte uns die Nährstoffbombe „Bohne" nicht interessieren? Die Redewendung stammt aus dem Mittelalter, Bohnen waren damals ein Hauptnahrungsmittel, zudem leicht zu züchten und sehr nahrhaft.

Was der Spruch aussagen will, ist, dass die einzelne Bohne niemanden satt machte und deshalb nichts wert war – und daher niemanden interessierte. Das hat sich inzwischen grundlegend geändert. Bohnen in ihrer Vielfalt – es gibt sie in verschiedenen Formen und Farben, getrocknet oder frisch – sind wichtige Lebensmittel. Als Bohnen werden sowohl die länglichen oder nierenförmigen Samen, aber auch die gesamte Hülsenfrucht inklusive der eingeschlossenen Samen bezeichnet. Ob Busch- oder Stangenbohnen, grüne, weiße, schwarze, dicke Bohnen oder schwarzweiße Yin-&-Yang-Bohnen, Brechbohnen oder Kidneybohnen – kein anderes Gemüse gibt es meiner Meinung nach in so vielen Formen und Farben, aber auch Zubereitungsmöglickeiten wie die Bohne.
In Deutschland gibt es mehr als 100 verschiedene Bohnensorten.

Die Hülsenfrüchte sind ein etwas vergessener Klassiker, werden aber gerade wieder zum trendigen Superfood, und das nicht ohne Grund. Denn Bohnen haben viele wertvolle Inhaltsstoffe wie Zink, Kalium, Kalzium, Magnesium, viele B-Vitamine, Folsäure und Ballaststoffe. Sie sind zudem ein wichtiger Eiweißlieferant, weiße Bohnen enthalten sogar mehr Proteine als Fleisch. Der Nährwert dieser Gemüsesorte variiert allerdings stark je nach Art und Verarbeitung, z. B. ob frische Bohnen oder solche aus der Dose verwendet werden.

Nahrung für die Nerven

Dem Samen der afrikanischen Schwarzbohne wird nachgesagt, auf natürliche Weise das Nervensystem zu unterstützen. So soll die Bohne angeblich gegen Depressionen wirken. Der Inhaltsstoff Hydroxy-L-Tryptophan ist ein direkter Vorläufer des Glückshormons Serotonin und soll die Konzentration steigern, die psychische Belastbarkeit fördern sowie schmerzhemmend und stimmungsaufhellend wirken. Zum Teil wird es als natürliches Antidepressivum eingesetzt.
Bohnen enthalten im Vergleich zu anderen Gemüsesorten viele Antioxidantien. Sie sollen so helfen, Herz-Kreislauf-Erkrankungen, Arteriosklerose und Darmkrebs vorzubeugen.
Womit wir wieder auf dem besten Weg zur guten Laune wären. Besonders schwarze Bohnen zeichnen sich auch noch durch eine gleichmäßige Wirkung auf den Blutzuckerspiegel aus. Gleichzeitig sorgen sie so nicht für ein anstrengendes Auf und Ab der Stimmung. Wie auch alle anderen Hülsenfrüchte – Linsen, Erbsen,

Vitamin B_1 oder Thiamin, besonders in Kidneybohnen enthalten, sorgt für ein gutes Nervenkostüm.

Kichererbsen oder Sojabohnen, – enthalten Bohnen reichlich Ballaststoffe, Vitamine sowie Mineralstoffe und haben einen niedrigen glykämischen Index. Bohnen geben ihre Kohlenhydrate nur langsam in die Blutbahn ab und halten so den Blutzuckerspiegel konstant. Sie sättigen lange und eignen sich hervorragend für alle, die auf ihren Blutzuckerspiegel achten müssen oder wollen. Zudem enthalten sie lösliche Fasern, die beim Ausscheiden Cholesterin binden und so den Cholesterinspiegel senken. Durch den hohen Gehalt an Ballaststoffen bringen Bohnen die Verdauung in Schwung und sind gut gegen Verstopfung.

Bohnen und die Verdauung

Sie kennen bestimmt den Spruch: „Jedes Böhnchen gibt ein Tönchen." Die „Tönchen", also die Verdauungsbeschwerden, entstehen durch den hohen Anteil an Ballaststoffen und schwer verdaulichen Mehrfachzuckern in Hülsenfrüchten. Diese können im Dünndarm nicht aufgespalten werden und werden erst im Dickdarm durch Bakterien verdaut, was zu vermehrter Gasproduktion führt. Blähungen, Durchfall und Verstopfung können auftreten. Damit die Bohnen bekömmlicher werden, sollten sie eingeweicht werden und das Kochwasser noch mal gewechselt werden. Nach neuesten Erkenntnissen wird empfohlen, die getrockneten Bohnen je nach Farbe einzuweichen: Die weißen 4 bis 8 Stunden, die schwarzen 8 bis 12 Stunden. Je länger die Einweichzeit, desto kürzer ist in der Regel die Kochzeit. Dann die Bohnen abspülen und in der doppelten Menge Wasser einmal aufkochen, das Wasser komplett wegschütten und die Bohnen in frischem Wasser fertig garen. Werden verdauungsfördernde Gewürze wie Bohnenkraut mitgekocht, werden Bohnen verträglicher. Auch Natron im Kochwasser soll helfen.

Rohe Bohnen enthalten besonders viel des sekundären Pflanzenstoffes Phasin als Fraßschutz. Phasin bewirkt ein Zusammenkleben von roten Blutkörperchen und behindert damit den Sauerstofftransport im Blut. Im Darm schädigt Phasin die Epithelzellen und stört so die Aufnahme von Nährstoffen.

Die richtige Zubereitung von Bohnen

Wie Sie vielleicht schon wissen, bin ich ein Fan davon, unsere Lebensmittel schonend zuzubereiten, damit viele der wertvollen Inhaltsstoffe erhalten bleiben und nicht zerstört werden. Bei grünen Bohnen ist eine schonende Zubereitung aber nicht geeignet. Denn grüne Bohnen enthalten den Giftstoff Phasin, der zu Brechdurchfall und Schlimmerem führen kann. Durch das Garen wird Phasin allerdings zerstört. Zu sanftes Dünsten oder Dämpfen ist aber für die Zubereitung von Bohnen nicht zu empfehlen, weil die Temperatur oft nicht ausreicht. Grüne Bohnen sollten deshalb mindestens 10 Minuten gekocht werden, damit das enthaltene Protein Phasin weitgehend zerstört wird. Auch das Wasser, in dem die Bohnen gekocht wurden, kann erhebliche Mengen Phasin enthalten, deshalb nicht mehr verwenden.

Bohnenburger und Bohnengemüse mit Cocktailtomaten

Zubereitungszeit: ca. 50 Min.
Für 3–4 Personen

Zutaten:

Für die Burger:
60 g Chiasamen
300 g vorgekochte weiße Bohnen (aus der Dose oder dem Glas)
1 mittelgroße Zwiebel oder 2 Schalotten
2 Knoblauchzehen
abgeriebene Schale von ½ Bio-Zitrone
30 g Hefefocken
80–100 g Haferflocken
15 g Kala-Namak-Salz (Schwefelsalz)
15 g geräuchertes Paprikapulver
ca. 20 g Kokosfett (zum Braten)

Für das Bohnengemüse:
400 g grüne Stangenbohnen
Steinsalz
250 g Cocktailtomaten
1 EL Olivenöl
1 EL vegane Butter

Zubereitung:

1. Für die Burger die Chiasamen in der vierfachen Menge Wasser 20 Minuten einweichen, bis sie zu einem festen Brei gequollen sind. Die Bohnen abtropfen lassen. Zwiebel und Knoblauch schälen, die Zwiebel etwas klein schneiden.

2. Chiasamen, Bohnen, Zwiebel, Knoblauch, Zitronenschale, Hefeflocken, Haferflocken, Salz, Paprikapulver und 30 ml Wasser in eine Schüssel geben und mit dem Stabmixer zu einer homogenen Masse mixen. Nach Bedarf noch etwas Wasser dazugeben.

3. Aus der Masse Buletten formen, etwas flach drücken und im Kokosfett auf beiden Seiten bei mittlerer Hitze braten. Die Buletten 2- bis 3-mal wenden. Die Burger kalt oder warm servieren.

4. Für das Bohnengemüse die Bohnen waschen, die Enden abschneiden und, falls nötig, die Fäden abziehen. In kochendem Salzwasser 10 Minuten garen.

5. Die Cocktailtomaten waschen und vierteln. Das Öl in einer Pfanne erhitzen, die Tomatenviertel dazugeben und leicht schmoren.

6. Die Bohnen abgießen und im Topf noch etwas ziehen lassen, dann mit der Butter zu den Tomaten in die Pfanne geben, mit Salz würzen und durchschwenken. Zu den Burgern servieren.

Tipp: Die pflanzlichen Buletten müssen nicht so scharf angebraten werden wie Hackfleischburger, bei denen dadurch die Bakterien von rohem Fleisch abgetötet werden. Ich brate schonender, damit die Inhaltsstoffe erhalten bleiben und das Öl nicht verbrennt.

Weiße-Bohnen-Hummus mit Dill

Weiße Bohnen sind lecker in jedem Salat oder einer Bowl, aber auch in Hummus bringen sie eine spezielle Note auf den Teller. Sie enthalten etwas mehr Protein als Kichererbsen und der Hummus wird etwas cremiger.

Zubereitungszeit: ca. 2 Std. plus 4–5 Std. Einweichzeit
Für 4–6 Personen

Zutaten:

400 g getrocknete weiße Bohnen (oder gekochte Bohnen)
2–3 Stängel Dill
1–2 Knoblauchzehen
4 EL Olivenöl
2–3 EL Zitronensaft
2–3 TL Tahin (Sesampaste)
Steinsalz
½ TL Kreuzkümmelpulver
1 Msp. Paprikapulver

Tipp: Wer Zeit sparen möchte, kann auf vorgekochte Bohnen aus der Dose oder dem Glas zurückgreifen. Damit entfallen die Einweich- und Kochzeit.

Zubereitung:

1. Die Bohnen 4 bis 8 Stunden in kaltem Wasser einweichen. Das Wasser abgießen und die Bohnen abspülen. Die Bohnen in der doppelten Menge Wasser 1 Minute kochen. Das Wasser wechseln und die Bohnen 1 ½ bis 2 Stunden kochen. Abgießen und abkühlen lassen.

2. Den Dill waschen und trocken schütteln. Den Knoblauch schälen. Bohnen, Knoblauch, ⅔ des Dills, Olivenöl, Zitronensaft und Tahin im Mixer cremig pürieren. Mit Salz, Kreuzkümmel- und Paprikapulver würzen. Mit dem restlichen Dill bestreuen. Den Hummus zu Vollkornbrot oder Gemüsesticks servieren.

Grüner Bohnensalat mit Taglilie

Wer die Möglichkeit hat, sollte den Salat mit einer Taglilienblüte genießen. Die Blüten sind essbar und die leuchtenden Farbtöne von Gelb bis zu einem kräftigen Orange sind eine reine Augenweide und machen gute Laune.

Zubereitungszeit: ca. 40 Min.
plus Abkühlzeit
Für 2 Personen

Zutaten:

500 g frische Stangenbohnen (grün, gelb, violett)
2 Schalotten
100 ml Gemüsebrühe
2 EL Apfelessig
3 EL Olivenöl
½ TL milder veganer Senf
1 EL Zitronensaft
1 TL frisches Bohnenkraut
Steinsalz
Pfeffer aus der Mühle
Kapuzinerkresseblätter und -blüten (nach Belieben)
Taglilienblüte (siehe Kasten)

Zubereitung:

1. Die Bohnen erst kurz vor der Zubereitung waschen, die Enden abschneiden und, falls nötig, die Fäden abziehen. Neuere Sorten haben meist keine Fäden mehr, hier werden vor dem Kochen nur noch die Enden abgeschnitten. Die Bohnen in Stücke schneiden.

2. Die Schalotten schälen und in dünne Scheiben schneiden oder hobeln. Die Gemüsebrühe mit Essig, Olivenöl, Senf, Zitronensaft und Bohnenkraut verrühren. Mit 1 Prise Steinsalz und Pfeffer würzen.

3. Die Bohnen in Salzwasser 10 Minuten kochen. Dann abgießen und abgedeckt im Topf noch etwa 20 Minuten ziehen lassen. Alle Zutaten miteinander vermengen und mit der Taglilie garnieren.

In Ostasien sind Taglilien äußerst beliebt in der Küche. Insbesondere die gelbrote Taglilie hat in der chinesischen Küche schon seit Jahrtausenden ihren Platz. Die Taglilien werden immer öfter extra für den Zweck als Nahrungsmittel angebaut! In der Küche finden Knospen, Blüten und Blätter Verwendung. Am besten schmecken halb geöffnete Knospen. Ihr Geschmack ist unterschiedlich – von frisch knackig, herb bis zitronig.

Bohnen-Brownies

Die Bohne kann übrigens nicht nur eine herzhafte Beilage sein, sondern – wie hier – eine köstliche Süßigkeit. Süß muss keine Sünde sein: Diese Schokoladen-Brownies sind unglaublich saftig und gesund – also Sweets für eine gute Laune.

Zubereitungszeit: ca. 1 Std. 45 Min. plus 8–12 Std. Einweichzeit

Für 1 Backblech

Zutaten:

250 g getrocknete schwarze Bohnen
2 EL Chiasamen (oder eingeweichte geschrotete Leinsamen)
60–90 g vegane Schokolade (90 % Kakao)
1 Vanilleschote
60 g Nusspaste nach Wahl
50 g Kakao- oder Carobpulver
50 g Buchweizenmehl
1 TL Weinstein-Backpulver
¼ TL Natursalz
50 ml Ahornsirup (Güteklasse A)

Zubereitung:

1. Die schwarzen Bohnen waschen und über Nacht oder 8 bis 12 Stunden in der dreifachen Menge Wasser einweichen. Am nächsten Tag die Bohnen gut abbrausen und in der doppelten Menge Wasser einmal kurz – etwa 1 Minute – aufkochen, dann das Wasser wegschütten und die Bohnen in frischem Wasser 1 Stunde kochen. Die Bohnen in ein Sieb abgießen und unter fließendem kaltem Wasser abbrausen. Etwas abkühlen lassen.

2. Die Chiasamen im Mixer mahlen und in 75 ml Wasser einweichen. Mindestens 15 Minuten quellen lassen (so werden sie feiner und quellen noch besser). Die Schokolade in kleine Stückchen brechen, einige Stückchen für das Topping beiseitelegen. Die Vanilleschote längs aufschneiden und das Mark herauskratzen.

3. Alle Zutaten bis auf das Schokoladentopping im Mixer vermengen, den Brei auf ein Backblech geben und gleichmäßig 2,5 bis 3 cm hoch darauf verteilen. Dann die restliche Schokolade darüberstreuen.

4. Den Backofen auf 175 bis 180 °C (Umluft) vorheizen (je nach Ofen) und 30 bis 40 Minuten backen. Danach die Masse auskühlen lassen, in Stücke schneiden und servieren.

BROKKOLI

Hier geht es um Bröckelkohl, Spargelkohl oder Winterblumenkohl, wissen Sie auf Anhieb, welches Gemüse ich meine? Genau: Es ist Brokkoli (Brassica oleracea). Ich liebe diesen grünen wunderhübschen Kohlkopf, er erinnert mich mit dem Stiel, den Blättern und den grünen Dolden mit den kleinen Köpfchen an ein Blumenbukett.

Für mich ist Brokkoli ein Geschenk der Natur – nicht nur schön anzusehen, sondern er wirkt auch noch sehr stimmungsaufhellend und ist gesundheitsfördernd. Er ist reich an Antioxidantien, durch sie werden freie Radikale eingedämmt, die unsere Zellen angreifen. In der heutigen Zeit und bei den Herausforderungen, denen sich unser Körper Tag für Tag stellen muss, sind diese Vitalstoffe wichtiger denn je, denn unsere Zellen werden ständig von freien Radikalen umzingelt. Wer mich schon länger kennt, weiß, dass ich ein großer Fan dieses Kreuzblütengewächses bin. Seine Inhaltsstoffe bringen mich regelrecht auf Hochtouren und das nicht zuletzt wegen des enthaltenen Senföls Sulforaphan. Sulforaphan wirkt entzündungshemmend, antioxidativ und antimikrobiell.

Ein wertvolles Lebensmittel

In meiner Einleitung habe ich den Brokkoli als Beispiel angeführt, um ein neues Gefühl für den Umgang mit fragilen Inhaltsstoffen zu erklären. Deshalb möchte ich das hier kurz etwas ausführen. Der Brokkoli ist nämlich das allerbeste Beispiel dafür, dass wir im wahrsten Sinne des Wortes viele wichtige Nährstoffe in unseren Kochtöpfen zerstören.

Deshalb möchte ich hier ausnahmsweise eine Liste der Inhaltsstoffmengen von Brokkoli angeben.

Vitamine im Brokkoli	auf 100 g
Vitamin C	115 mg
Vitamin B_5	1290 µg
Vitamin B_3	1000 µg
Betacarotin	846 µg
Vitamin E	607 µg
Vitamin B_6	170 µg
Vitamin A	148 µg
Vitamin B_2	178 µg
Vitamin K	121 µg
Vitamin B_1	98 µg
Vitamin B_9	64 µg
Vitamin B_7	0,5 µg

Diese Angaben sind in den meisten Tabellen relativ gleich und die Werte hören sich wirklich beeindruckend an. Sie werden allerdings immer von ganz frischem Gemüse ermittelt, das gerade geerntet wurde.

Der hohe Anteil an Sulforaphan in Brokkoli wirkt antioxidativ und entgiftend.

Ist das Gemüse aber schon ein paar Tage oder länger unterwegs und unterschiedlichen Temperaturen und Licht ausgesetzt, dann reduzieren sich die empfindlichen Nährstoffe schon mal um ein Drittel oder die Hälfte. Geht es jetzt ans Kochen, Braten und Backen mit Temperaturen ab und über 100 °C, wird noch mal etwa die Hälfte des enthaltenen Vitamingehalts zerstört. B- und C-Vitamine sind besonders empfindlich und Vitamin C ist zudem auch noch wasserlöslich, es wird durch das Wasser beim Kochen direkt aus dem Gemüse geschwemmt.

Worauf sollten Sie beim Einkauf achten? Einen frischen Brokkoli erkennen Sie an der dunkelgrünen bis blaugrünen Farbe, er soll fest sein und die Blütenstände müssen geschlossen sein. Gelbe oder braune Flecken haben auf dem Brokkoli nichts zu suchen. Achten Sie beim Kauf auch immer darauf, dass der Strunkanschnitt frisch und saftig und nicht holzig ist und noch keinen Hohlraum gebildet hat.

Das Multitalent Senföl

Der Superstar unter den Inhaltsstoffen im Brokkoli ist das Sulforaphan. Sulforaphan ist vereinfacht gesagt ein Senföl, das auch in Blumenkohl und Rosenkohl zu finden ist. Zu Sulforaphan laufen unzählige therapeutische Studien zu Tumorprävention und neuroprotektiven Wirkungen bei Alzheimer oder zu Autismus. Sulforaphan hat zudem eine Wirkung auf unser vegetatives Nervensystem, besonders den Parasympathikus. Er lenkt unsere Körperfunktionen, den Herzschlag, die Atmung und die Verdauung. Er dient der Regeneration, dem Aufbau von Kraftreserven, kurbelt Stoffwechselvorgänge an und sorgt dafür, dass wir uns gut erholen können. Zudem hat Sulforaphan eine entzündungshemmende und Healthy-Aging-Wirkung, es ist ein starkes Antioxidans. Es hemmt aber auch das Bakterium Helicobacter pylori, das nicht selten für Magengeschschwüre verantwortlich ist. Ist der Magen gesund, fühlen wir uns gleich viel besser und finden unsere Mitte. Wie wir heute wissen, sind die Bakterien im Magen und in der Darmflora nicht nur, wie lange angenommen, für unsere Verdauung wichtig, sondern die Zusammensetzung des Mikrobioms entscheidet maßgeblich über unser emotionales Wohlbefinden. Also sollten wir die Kräfte des Senföls Sulforaphan bewusst für unser Wohlbefinden nutzen. Wie viel Sulforaphan ist in Brokkoli enthalten? 500 g frischer Brokkoli enthält ungefähr 55 mg des sekundären Pflanzenstoffs.

Brokkolisprossen selber ziehen

30 g Brokkolisprossen sollen sogar das 100-Fache an Sulforaphan im Vergleich zu 500 g Brokkoli liefern. Für eine gute Vitalzufuhr reichen 1 bis 2 Esslöffel der Sprossen dreimal die Woche, eine Überdosierung ist fast nicht möglich. Damit das Sulforaphan besser bioverfügbar ist, sollten die Sprossen besonders gut gekaut werden, so werden die Zellwände geknackt. Sulforaphan ist äußerst hitzeempfindlich. Deswegen sollten die Keimlinge immer roh verzehrt werden. Das Brokkoligemüse selbst sollte nur in den Dampfgarer. Obwohl Brokkolisprossen wegen des Sulforaphans immer beliebter werden, sind sie nicht leicht in Lebensmittelgeschäften und auch Bio-Läden zu finden.

Deswegen wird es zunehmend Trend, die kleinen Keimlinge und Microgreens selbst zu ziehen. So kann man bezüglich der Frische sicher sein. Brokkolisprossen können als Topping auf jeden Salat, in jede Bowl, in den Smoothie, aufs Brot oder einfach nur so gegessen werden. Sie schmecken mildwürzig mit einer leichten Schärfe. Sprossen sind etwas Wunderbares! Alles, was sie brauchen, um zu Vitalstoff-Kraftwerken zu werden, sind ein wenig Wasser und ein bisschen Zeit. Brokkolisamensprossen enthalten jede Menge wertvoller Nährstoffe, Mineralstoffe und Spurenelemente. Dazu gehören beispielsweise Kalzium, Kalium, Phosphor, Zink und Eisen. So wird aus einem kleinen Samen ein Power-Kraftwerk.

Was Sie brauchen, sind ein Sprossenturm, -schale oder ein Sprossenglas. Die Keimgeräte und Utensilien vor Benutzung mit kochendem Wasser reinigen. Die Saat sollte immer bei einer Zimmertemperatur von 18 bis 22 °C keimen.

2 Esslöffel Brokkolisamen werden in ein kleines Sieb gegeben und gut unter fließendem kaltem Wasser abgespült. Nun die Keime in ein Keimglas geben und dieses mit Wasser bis zum Rand füllen. Die Keimsaat benötigt 6 bis 8 Stunden zum Quellen.

Dann das Wasser wegschütten und die Sprossen noch einmal abspülen. Jetzt beginnt das Keimen. Die Sprossen sollten jeden Tag zweimal gegossen werden. Ob im Keimglas oder der Sprossenschale, die Keimlinge sollten nie im Wasser stehen. Brokkolisamensprossen keimen am liebsten bei indirekter Sonneneinstrahlung. Stellen Sie das Keimglas an einen warmen hellen Platz in ihrer Wohnung, aber nie direkt in die Sonne. Jetzt heißt es Geduld haben und die Samen zweimal täglich spülen oder gießen. Ernten können Sie die Sprossen nach circa 5 bis 7 Tagen. Am besten verwenden Sie die Sprossen direkt aus dem Keimglas. Je frischer sie sind, desto mehr Vitalstoffe enthalten sie.

Der Rest der Sprossen hält sich 2 bis 3 Tage in einer luftdichten Aufbewahrungsbox im Kühlschrank bei 4 bis 6 °C. Am besten ist es, wenn Sie nach der Ernte gleich wieder eine neue Saat ansetzen. Brokkoli und Brokkolisprossen können übrigens ruhig gemeinsam verzehrt werden. Dies soll auch ihre Wirksamkeit verstärken. 100 g Brokkolisprossen enthalten circa 3,7 g Protein.

Gedämpfter Brokkoli

Die Zubereitung macht den Unterschied! Brokkoli sollte schonend gedämpft werden. Beim Dämpfen werden Lebensmittel allein durch Wasserdampf erhitzt, das Gemüse befindet sich in einem speziellen Dämpfeinsatz. Benötigt werden ein Topf mit Deckel und eine Dämpfeinlage. Das Gemüse wird schonend zubereitet und die Vitamine (gerade die wasserlöslichen) werden nicht im Wasser ausgekocht und weggespült. Ich liebe das Dämpfen schon seit Jahren, es geht leicht und das Gemüse schmeckt besser und ist knackiger.

Zubereitungszeit: ca. 15 Min.

Zutaten:

1 Brokkoli
Steinsalz
Pfeffer aus der Mühle
Chilipulver

Zubereitung:

1. Den Brokkoli waschen und in gleich große Röschen teilen. Wasser ca. 2 bis 3 cm hoch (je nach Größe des Topfes) in einen Topf füllen und aufkochen.

2. Das Gemüse in die Dämpfauflage geben und in den Topf setzen. Zugedeckt bei mittlerer Hitze ca. 5 bis 8 Minuten dämpfen. Die Hitze aussschalten und das Gemüse für ein paar Minuten nachziehen lassen.

3. Der gedämpfte Brokkoli passt zu allem – ob warm oder kalt, als Beilage, im Salat oder als Snack. Mit etwas Salz, Pfeffer und Chilipulver würzen. Ich würze gern mit meinem selbst gemachten Sumachgewürz (siehe S. 113).

Brokkoli-Smoothie

Zubereitungszeit: ca. 10 Min.

Für 1 Glas

Zutaten:

1 Landgurke
½ Brokkoli mit Strunk
1 Apfel (z. B. Braeburn)
1 geh. EL Brokkolisprossen
1 TL Distel- oder Sonnenblumenöl
100 ml naturtrüber Apfelsaft

Zubereitung:

1. Gurke, Brokkoli, Apfel und Sprossen gründlich waschen und zerkleinern.

2. Alles mit den restlichen Zutaten in den Mixer geben und sämig mixen. Wenn der Smoothie nicht flüssig genug ist, noch etwas Wasser untermischen.

Tipp: Wer den Smoothie etwas süßer mag, gibt noch zwei Datteln mit in den Mixer.

Brokkoli-Rohkost-Salat

Zubereitungszeit: ca. 15 Min.
Für 2 Personen

Zutaten:

1 handgroßer frischer Brokkoli mit Strunk
1 Apfel
1 Spitzpaprika
1 Schalotte
½ TL Fenchelsamen
200 g Papaya
40 ml Walnussöl
50 ml naturtrüber, nicht pasteurisierter Apfelessig
½ TL Steinsalz
2 Datteln
Pfeffer aus der Mühle
40–50 g Walnusskerne

Papayakerne kann man essen, sie enthalten viele Senföle, diese wirken antibakteriell und fördern die Durchblutung. Das enthaltene Carpain ist gut für die Blutplättchen und die Flavonoide zählen zu den Antioxidantien und unterstützen die Immunabwehr. Darauf achten, dass die Kerne von einer voll ausgereiften Frucht stammen.

Zubereitung:

1. Brokkoli, Apfel und Paprika waschen, die Schalotte schälen. Die Fenchelsamen im Mörser andrücken. Die Papaya halbieren und entkernen. Die Kerne beiseitelegen (siehe Tipp). Das Fruchtfleisch mit einem Löffel herauslösen und klein schneiden. Die Paprika putzen und mit dem Brokkoli klein schneiden. Den Apfel entkernen und in Spalten schneiden.

2. Für das Dressing Schalotte, Öl, Essig, Salz, Datteln, Pfeffer und 20 ml Wasser in einem kleinen Mixer mixen.

3. Alles zusammen mit dem Dressing in einer Schüssel vermischen und Walnusskerne und Fenchelsamen unterrühren. Mit Papayakernen bestreuen.

Tipp: Brokkoli ist roh zwar voller Nährstoffe, aber etwas schwerer verdaulich als gekocht oder gedämpft. Deshalb sollten wir ihn in der Zubereitung klein schneiden und auch gut kauen. Das gründliche Kauen ist generell eine große Unterstützung für eine reibungslose Verdauung. So entsteht ein gesundes Sättigungsgefühl, aber keine Blähungen.

CAROB

Carob ist das Fruchtfleisch der Schoten des Johannisbrotbaums. Carobpulver schmeckt karamellig und wird oft als Alternative zu Schokolade genannt. Das klingt nach zweiter Wahl. Carob sollte aber erste Wahl sein, denn das süße Pulver, die Schoten und Samen sind in puncto Geschmack und Gesundheit bemerkenswert.

Die Entstehung des deutschen Namens Johannisbrotbaum ist auf die Geschichte zurückzuführen, dass Johannes der Täufer sich von den Früchten und Samen während seines Aufenthalts in der Wüste ernährt haben soll.

In Österreich wird Carob Bockshörndlbaum, auch Karubenbaum oder Karobbaum genannt. Die Früchte dieses Baumes sind eine Pflanzenart aus der Familie der Hülsenfrüchtler. Diese Art kommt im Mittelmeerraum und Vorderasien vor. Er ist ein wertvolles, besonders wichtiges und gesundheitsförderndes Lebensmittel. Als frisches Obst diente die Johannesbrotschote früher oft als Naschwerk für Kinder, so hatte die Mutter meines Freundes die Schoten auch als Knabberspaß noch in der Schultüte in den 1950er-Jahren. Leider ist diese tolle Frucht in Vergessenheit geraten und kommt auf unseren Speiseplänen nicht mehr oft vor. Das sollten wir ändern!

Energielieferant und Sattmacher

Carob gehört zu den inosithaltigen Lebensmitteln. Inosit hat den Trivialnamen „Muskelzucker", es handelt sich hierbei aber nicht um ein Kohlenhydrat. Diese Art Zucker spielt eine besondere Rolle bei der Versorgung von Nerven und Gehirn. Carob ist beinahe fettfrei und enthält auch sehr wenig Natrium. Aufgrund des hohen Ballaststoffanteils und des natürlichen Zuckeranteils ist er süß ohne zugefügten Zucker. Carob gilt als Energielieferant und Sattmacher. Er kann dabei helfen, Cholesterinwerte und den Blutzucker zu senken, denn mit Carob kommt es nicht zu starken Blutzuckerspiegelschwankungen. Carob ist zudem frei von anregenden Substanzen wie Koffein oder Theobromin. Zudem wird Carob basisch verstoffwechselt und es werden keine Säuren gebildet. Carob enthält die Mineralstoffe Eisen und Kalium, Spurenelemente, Vitamine A und B, Protein und sekundäre Pflanzenstoffe.

Ausprobieren lohnt sich

Ich habe den Johannisbrotbaum und damit Carob vor etwa zehn Jahren in Portugal kennengelernt und seitdem viel damit ausprobiert und liebe und schätze ihn. Sowohl den Geschmack als auch die verschiedenen Einsatzmöglichkeiten. Als Carobpulver für Süßspeisen und Getränke, als Schote zum Essen und Knabbern und auch als Verdickungsmittel als Johannisbrotkernmehl.

Ballaststoffe regen die Verdauung an, die Fettverbrennung wird angekurbelt und die Blutfettwerte gesenkt.

Zu kaufen gibt es Carobpulver in Bio-Läden von verschiedenen Anbietern. Hierbei sind die Geschmacksrichtungen etwas unterschiedlich: Mal etwas fruchtiger oder mal etwas süßer, auch in der Farbe kann das Pulver variieren. Es wird nur aus den Schoten, nicht aus den Kernen oder Samen gemahlen.

Das Johannisbrotkernmehl, das aus den Samen in der Schote gemahlen wird, gibt es im Reformhaus oder im Bio-Laden zu kaufen. Es wird in der industriellen Nahrungsmittelproduktion oft als Verdickungsmittel in Süßwaren, Suppen oder Saucen eingesetzt.

Schoten zum Snacken

Carobschoten sind zunächst grün, werden aber nach etwa einem Jahr braun. Sie können vom Baum gepflückt werden, fallen aber, wenn sie reif sind, einfach herunter und können dann aufgesammelt und gegessen werden. Die Schoten sind circa 10 bis 20 cm lang, flach und ein wenig gebogen oder ganz gerade, circa 1 cm dick und glänzen etwas. Die Schoten zu knabbern ist eine wahre Freude, macht satt und befriedigt den Süßhunger auf eine gesunde Art und Weise. Wenn Sie die Schoten nicht in Ihrem Bio-Markt bekommen oder bei Ihrem Gemüsehändler bestellen können, gibt es dafür online die Möglichkeit. Sie sind lange lagerbar und auch noch nach 8 bis 10 Monaten verzehrbar.

Ich möchte Ihnen hier zeigen, wie Sie die Schote, die nach einiger Zeit immer fester wird, wieder leicht essbar machen können.

Ich lagere die Schoten in einem großen Glas und weiche, je nachdem, wie viel ich brauche, die Schoten in einem festen Tuch ein. Das klappt gut, es ist zwar eine altmodische Art der Lebensmittelvorratshaltung und -aufbereitung, aber so wurde es früher gemacht und es ist ja auch sinnvoll. Zum Einweichen wickeln Sie die trockenen Schoten in ein feuchtes Tuch und lagern sie 1 bis 2 Tage im Gemüsefach. Dann können Sie Carob einfach so aus der Hand genießen. Die Schote enthält circa 10 bis 15 Kerne, die sehr hart sind und zu Johannisbrotkernmehl vermahlen werden.

Carob-Amarant-Puff-Riegel

Naschen muss keine Sünde sein mit diesem zwar süßen, aber gesunden Riegel für zwischendurch. Die vielen guten Inhaltsstoffe von Mandeln, Früchten, Carob und Amarant bringen schnell wieder Energie für Gehirn und Leistungsfähigkeit.

Zubereitungszeit: ca. 15 Min. plus Kühlzeit

Für 1 Kastenform

Zutaten:

150 g Kakaobutter
70–80 g Kokosblütenzucker (oder Erythrit; je nach Geschmack)
150 g weißes Mandelmus
1 Vanilleschote
30 g Kokosöl
80 g geröstete und grob gehackte Mandeln
125 g getrocknete Kirschen, Gojibeeren oder Korinthen
½ TL Zimtpulver
½ TL frisch geriebener Ingwer
½ TL Kardamompulver
50 g Carobpulver
200 g gepoppter Amarant oder Quinoa
Steinsalz

Tipp: Wer den Kokosblütenzucker ersetzen möchte, kann stattdessen das Zuckeraustauschmittel Erythrit verwenden. Es enthält fast keine Kalorien, seine Süßkraft ist allerdings nicht so stark. Da hilft nur ausprobieren.

Zubereitung:

1. Die Kakaobutter über dem heißen Wasserbad schmelzen lassen. Mit Kokosblütenzucker und Mandelmus vermischen. Die Vanilleschote längs aufschneiden und das Mark herauskratzen. Das Kokosöl zerlassen. Beides mit den restlichen Zutaten und 1 Prise Steinsalz dazugeben und gründlich unterrühren.

2. Die Masse in eine mit Backpapier ausgelegte Form streichen und festdrücken. Einige Stunden in den Gefrierschrank stellen. Zum Servieren Zimmertemperatur annehmen lassen und in Stücke oder Scheiben schneiden.

Carob-Pralinen

Einfach mal zugreifen wird jetzt dringend empfohlen. Kleine Leckereien gehören zu einer Tasse Kaffee oder einem Cappuccino einfach dazu.

Zubereitungszeit: ca. 10 Min. plus Kühlzeit
Für 20–30 Stück

Zutaten:

100 g Kakaobutter
3–4 EL Carobpulver
½ TL Kardamompulver
1 Msp. Ceylon-Zimtpulver

Zubereitung:

1. Die Kakaobutter über dem heißem Wasserbad schmelzen lassen. Das Carobpulver und die Gewürze dazugeben und mit einem Schneebesen gründlich zu einer homogenen Masse verrühren.

2. Die flüssige Masse in eine Pralinenform nach Wahl füllen (rund, eckig oder Herzchenform) und 2 bis 3 Stunden in den Kühlschrank stellen. Wer es eilig hat, stellt sie ins Tiefkühlfach.

Carob-Cappuccino oder -Latte

Süßes kann man auch trinken. Dieser Cappuccino schmeckt nach einer Mischung aus Kaffee, Kakao und ein wenig Karamell – ein Traum für Naschkatzen.

Zubereitungszeit: ca. 5 Min.
Für 1 Tasse

Zutaten:

300 ml Hafermilch
3 EL Carobpulver

Zubereitung:

Die Hafermilch in einem Topf erwärmen und das Carobpulver mit dem Schneebesen einrühren und dabei etwas aufschäumen. Sofort genießen.

Hafermilch selbst herzustellen ist ganz einfach. Für circa 1 l Hafermilch werden 100 g Bio-Haferflocken im Mixer fein gemahlen und mit 1 l Quellwasser oder gefiltertem Wasser aufgefüllt und 30 Minuten ziehen gelassen. Nochmals aufmixen, 10 Minuten erneut ziehen lassen und alles durch einen Nussmilchbeutel abseihen. Die Hafermilch in eine sterilisierte Flasche füllen. Im Kühlschrank ist sie 3 Tage haltbar.

ERDMANDELN

Die Erdmandel ist in unseren Küchen fast noch ein Geheimtipp. Der Name Erdmandel oder Tigernuss, wie sie auch genannt wird, lässt vermuten, es handelt sich hier um eine Nuss. Aber nein, sie ist weder Nuss noch Mandel (Steinobst).

Die Erdmandel (Cyperus esculentus) gehört zu den Sauergrasgewächsen (Juncia avellanada). Es ist die Knolle eines Grases, das mit dem Papyrus verwandt ist. Diese erbsengroßen Knollen werden an den Enden der Wurzeln des Grases gebildet und dienen der Pflanze als Nährstoffspeicher. Seit dem Mittelalter ist die Bodenfrucht in aller Munde. Bei uns zählen Erdmandeln noch zu den Geheimtipps. In der modernen Küche beweisen die gluten- und laktosefreien Knollen eine verführerische Vielfalt.

Multitalent für die Gesundheit

Schon vor Jahrtausenden erkannten die Menschen die wertvolle und gesundheitsfördernde Wirkung dieser kleinen, schrumpeligen Knolle. Die Araber sollen sie circa im 8. Jahrhundert n. Chr. nach Spanien gebracht haben. Dort ist sie viel bekannter als bei uns, wird Chufa genannt und wird auch in großen Mengen angebaut. Sie stammt ursprünglich aus Afrika, schon die alten Ägypter haben die Erdmandel als Nutzpflanze angebaut. Sie wurde auch als Grabbeigabe in Pharaonengräbern entdeckt.

Mit einer so langen Tradition wird es höchste Zeit, dass die Erdmandel auch ihren Einzug in unsere Küchen hält, und zwar im Alltag. Nährstoffmäßig ist die bräunliche Knolle nämlich der absolute Hit! Durch ihren hohen Kalium- und Magnesiumgehalt stärkt die Erdmandel die Nerven und fördert nicht nur die Konzentrationsfähigkeit, sie sorgt auch für einen besseren Schlaf und wirkt antidepressiv. Der hohe Anteil an Biotin (Vitamin B_7 oder H) unterstützt das alles noch und ist Bestandteil von Enzymen, fördert die unterschiedlichsten Stoffwechselprozesse. Der Kohlenhydrat-, Eiweiß- und Fettstoffwechel werden angekurbelt sowie das Zellwachstum und die Proteinsynthese. Zudem sorgt Biotin auch noch für kräftige Haare und straffe Haut.

Erdmandeln bestehen zu mehr als 25 % aus Fett, und zwar aus guten Fetten, die das Herz-Kreislauf-System schützen. Die Erdmandel enthält auch mehr Vitamin E (Radikalfänger) als Olivenöl. Erdmandeln sind besonders reich an einfach ungesättigten Fettsäuren, die unseren Cholesterinspiegel verbessern können. Auch die mehrfach ungesättigten Fettsäuren Omega-3-Fettsäuren und Omega-6-Fettsäuren liefert die Powerknolle reichlich. Zudem enthält sie 7 % Eiweiß, viele Mineralstoffe, Zink und das Flavonoid Rutin. Wer mich kennt, weiß, dass ich ein Fan dieses sekundären

Der Pflanzenstoff Rutin hat eine positive Wirkung auf Gefäße, der hohe Anteil an ungesättigten Fettsäuren senkt den Blutdruck und den Cholesterinspiegel.

Pflanzenstoffs bin, denn er wirkt direkt an den Zellwänden, stärkt z. B. die Blutgefäße oder andere Gefäßwände wie den Dickdarm. Aus eigener Erfahrung kann ich rutinhaltige Lebensmittel wie Buchweizen, Erdmandel oder Petersilie bei häufigen Migränen und Kopfschmerzen nur sehr empfehlen. Man sollte sie dauerhaft in den Speiseplan einbauen. Wie gesund die Erdmandel tatsächlich ist, werden weitere Studien bestimmt belegen. Sie gilt bereits als harntreibend, durchblutungsfördernd und stimulierend. Aber die Erdmandel kann noch viel mehr, sie ist auch eine tolle Ernährungsalternative für Allergiker.

Alles Gute für den Darm

Mit 33 g Ballaststoffen auf 100 g ist die Tigernuss auch besonders gut für unsere Darmgesundheit. Durch die Menge an Ballaststoffen wird die Verdauung angekurbelt und die Darmpassage beschleunigt. Ihre verdauungsfördernde Wirkung kann vor Erkrankungen des Darmes schützen. Die Ballaststoffe stellen für die „guten" Darmbakterien eine hervorragende Nahrungsquelle dar. Auf diese Weise wirken sich Ballaststoffe positiv auf das Mikrobiom des Darmes aus. Die Erdmandel kann also Verstopfungen in kürzester Zeit ganz ohne Nebenwirkungen beseitigen. Bitte dabei aber nie vergessen, beim Verzehr ausreichend viel zu trinken. Zudem hilft die Tigernuss, das Sättigungsgefühl zu steigern, dadurch kommt es seltener zu Heißhungerattacken. So kann die Wurzelknolle also auch beim Abnehmen helfen.

Zudem schmeckt sie als Frischkornbrei unglaublich lecker und muss nicht mehr extra gesüßt werden. Besonders gut geeignet sind Erdmandeln für Kinder und Menschen mit Histaminintoleranz.

Erdmandeln aus dem eigenen Garten

Getrocknet, als Flocken und gemahlen zu Mehl oder als Paste, selten auch als Öl sind die Erdmandelprodukte im Handel erhältlich. Wer einen Garten hat, dem würde ich empfehlen, Erdmandeln selbst anzubauen, es ist nicht schwer – sogar kinderleicht – und der Biss in eine frisch geerntete Erdmandel ist mit nichts zu vergleichen. Das ist der leckerste und gesündeste Snack, den Sie jemals probiert haben!

Wie Sie wissen, bin ich immer eine Freundin davon, Nüsse, Saaten etc. selber frisch zu mahlen, deshalb bin ich über die Anschaffung meiner Getreidemühle vor vielen Jahren immer noch sehr glücklich. Erdmandeln selber zu Mehl zu vermahlen würde ich allerdings in einem Hochleistungsmixer empfehlen, denn die getrockneten kleinen Knötchen können sehr hart werden und mein Mixer tut sich damit leichter.

Übrigens: Der Name „Erdmandel" wird darauf zurückgeführt, dass die Knolle an den Geschmack von Mandeln erinnert – nur noch viel besser.

Erdmandel-Rohkost-Porridge

Mit diesem gesunden fruchtigen Frischkornbrei fängt der Tag besonders gut an. Ist der Morgen gut, kann der Tag nicht schlecht werden. Happy morning, happy day!

Zubereitungszeit: ca. 15 Min.
Für 1 Person

Zutaten:
3–4 EL Erdmandeln
100–150 ml Hafermilch oder Erdmandelmilch
1 TL Kokosflocken
½ TL Kardamompulver
1 Msp. Ceylon-Zimtpulver
½ Banane
½ Scheibe Annanas
1 Pflaume
1–2 TL Rosinen

Rosinen sind Mood Food. Die getrockneten Weintrauben enthalten kleine Mengen Vitamin A sowie Vitamine der B-Gruppe, die zusammen mit Kohlenhydraten gegen Depressionen, Angstzustände und Stress helfen.

Zubereitung:

1. Die Erdmandeln im Mixer oder in der Getreidemühle mahlen. In eine Schale füllen und mit der Pflanzenmilch gut verrühren, etwas ziehen lassen. Das frisch gemahlene Erdmandelmehl wird zu einem sämigen Porridge quellen. Kokosflocken, Kardamom und Zimt dazugeben und gut vermengen.

2. Banane und Ananas schälen. Die Pflaume waschen und entsteinen. Alles klein schneiden und mit den Rosinen zum Porridge geben.

Ananas, Bananen und Pflaumen sind die Serotonin-Stars unter den Früchten. Sie sind süß, trotzdem gesund und machen glücklich: Die Früchte enthalten einen besonders hohen Gehalt an Tryptophan. Die Aminosäure hilft dabei, den Botenstoff Serotonin zu bilden.

Erdmandelmilch

Horchata heißt die Erdmandelmilch in Spanien. Dort ist die uralte Rezeptur besonders rund um Valencia bekannt. Die traditionell hergestellte Milch liefert sehr viele Mineralstoffe, Spurenelemente und ungesättigte Fettsäuren. Die regionale Spezialität ist für meinen Geschmack etwas zu süß, hier meine Abwandlung.

Zubereitungszeit: ca. 15 Min. plus 24 Std. Einweichzeit
Für 1 l

Zutaten:

250 g getrocknete Erdmandeln
1 Msp. Zimtpulver
1 Msp. Vanille
1 EL frisch gepresster Zitronensaft

Zubereitung:

1. Die Erdmandeln 24 Stunden in Wasser einweichen. Nach der Hälfte der Zeit das Wasser wechseln.

2. Am nächsten Tag das restliche Wasser abgießen und die eingeweichten Erdmandeln mit 1 l kaltem Wasser im Mixer pürieren. Alles in einen Nussmilchbeutel (siehe Tipp) geben, dabei die Flüssigkeit ausdrücken und auffangen.

3. Mit Zimt, Vanille und Zitronensaft verfeinern und in eine Flasche füllen. Selbst gemachte Erdmandelmilch ist im Kühlschrank nur etwa 3 Tage haltbar. Also schnell genießen!

Tipp: Alle, die pflanzliche Milchalternativen herstellen, kennen einen Nussmilchbeutel. Er ist inzwischen in vielen Lebensmittelläden erhältlich. Als Alternative eignet sich ein Mulltuch.

Erdmandelmus

Das Mus ist vielseitig einsetzbar – ob zum Backen, als Brotaufstrich, unter Müsli oder Porridge gerührt oder als Leckerei direkt vom Löffel in den Mund genossen.

Zubereitungszeit: ca. 10 Min.
Für ca. 1 l

Zutaten:

140 g getrocknete Erdmandeln (oder Erdmandelmehl)
2 EL Kokosöl
1 EL Kokosmus

Zubereitung:

1. Die Erdmandeln in einem Hochleistungsmixer zu Mehl verarbeiten oder das schon gemahlene Erdmandelmehl direkt in den Mixer geben.

2. Das Kokosöl zerlassen und mit dem Kokosmus zum Mehl geben. So lange mixen, bis eine cremige Paste entsteht. Zwischendurch das Mus mit einem Spachtel von den Seitenwänden schaben. Je nach Menge, die produziert wird, eignet sich hier auch ein kleiner Aufsatz auf dem Mixer.

3. Das Erdmandelmus in ein sterilisiertes Glas mit Schraubverschluss füllen. Das Erdmandelmus ist auch ohne Kühlung sehr gut im Vorratsschrank haltbar. Zwischendurch mal kräftig umrühren, damit es nicht verklumpt und sich das Öl nicht oben absetzt. Es ist ca. 4 bis 5 Monate haltbar.

Erdmandelwaffeln

Ob eckig oder in Herzchenform, wie Oma sie früher mit ihrem Waffeleisen für uns gebacken hat – diese Waffeln schmecken nicht nur köstlich, sie machen auch noch glücklich.

Zubereitungszeit: ca. 40 Min.
Für 3–4 Stück

Zutaten:

100 g Buchweizenvollkornmehl
(am besten frisch gemahlen)
50 g Erdmandelmehl (frisch gemahlen)
1 TL Weinsteinpulver
1 Msp. Steinsalz
½ TL Kardamompulver
½ TL Zimtpulver
150–160 ml Hafermilch
1 TL Traubenkernöl

Zubereitung:

1. Das Buchweizenvollkornmehl und die gemahlenen Erdmandeln mit den restlichen trockenen Zutaten vermischen. Hafermilch und Öl gut unterrühren, bis ein homogener Teig entsteht. 20 Minuten ruhen lassen.

2. Das Waffeleisen vorheizen und aus dem Teig portionsweise Waffeln darin backen. Die Backzeit ist etwas länger als bei Teig mit glutenhaltigen Mehlen, daher beobachten, ob die Waffeln schon fertig sind, und das Waffeleisen nicht zu früh öffnen. Die Waffeln nach Belieben mit Granatapfelkernen bestreuen und mit Joghurt servieren.

Tipp: Dieser Teig kann auch als Pancake ausgebacken werden, hierfür ist eine Pancake-Pfanne ideal, dann wird kein extra Öl benötigt.

Kräuter dürfen in einem ausgewogenen Ernährungsplan nicht fehlen. Sie geben nicht nur Aroma und Würze, sondern wirken auch beruhigend oder stimmungsaufhellend.

Sie enthalten psychotrope Stoffe, diese werden als „natürliche Drogen" in der Ernährungswissenschaft besprochen oder setzen solche im Körper frei.

Es gibt den Spruch „Gegen alles ist ein Kraut gewachsen", darüber könnte man diskutieren, ich sage gern: Für ein gutes Wohlbefinden und ein gesundes Leben wurden wir von der Natur mit vielen wunderbaren Kräutern ausgestattet.

Wir nutzen ihre Kraft allerdings nicht wirklich und benutzen sie nur punktuell: mal als Dekoration, z. B. zwei Blätter Petersilie als Farbtupfer auf dem Hummus, eine dünne Spitze Dill auf dem Kartoffelpüree und vom Basilikum gibt es die Blattkrone auf dem Obstsalat. Was ich allerdings am erstaunlichsten finde, ist, zumeist wird diese sparsame Dekoration auch noch beiseitegelegt und nicht mitgegessen, als würde es sich hierbei um eine nicht essbare Verzierung handeln. Ich plädiere schon seit Jahren dafür, das zu ändern, die enthaltenen Nähr- und Vitalstoffe sind wertvoll für den Körper. Das war natürlich auch schon dem Naturkundler Sebastian Kneipp bekannt, er empfahl bereits im 19. Jahrhundert, Kräuter gegen Wehleiden zu verzehren. Die generelle Heilwirkung von Pflanzen und die positiven Auswirkungen auf den Menschen sind bereits seit den frühesten Hochkulturen bekannt.

Rosmarin Belebt den Kreislauf, stärkt die Nerven

Rosmarintee

Rosmarintee soll uns bei geistiger Erschöpfung wieder Antrieb geben. Das enthaltene ätherische Öl regt Geist und Körper an. Bei niedrigem Blutdruck und bei Erkältungen ist dieser Tee besonders hilfreich. Der Kreislauf bekommt einen Extrakick, probieren Sie es mal aus. Die Wirkung ist unglaublich, wie ein Booster.

3 Zweige Rosmarin in eine Teekanne geben und mit 1 l heißem Wasser (ca. 80 °C) übergießen und zugedeckt (damit sich die ätherischen Öle nicht verflüchtigen) 8 bis 10 Minuten ziehen lassen. In kleinen Schlucken pro Stunde etwa 300 ml davon trinken.

Das ursprünglich im Mittelmeerraum heimische Kraut wird auch hierzulande in Gärten angebaut. Die nadelartig langen Blätter des buschigen Strauches verbreiten einen harzigen Geruch. Rosmarin enthält ätherische Öle wie Kampfer und Gerbstoffe. In der Küche wird Rosmarin als Würzkraut für deftige Fleisch- und Gemüsegerichte oder Kartoffeln vom Blech eingesetzt, ist aber auch ein wirksames Heilkraut, das schon im Mittelalter in Klöstern bei Verdauungsbeschwerden und zur Nervenstärkung bekannt war.

Bärlauch Das Geschenk des Frühjahrs

Der Bärlauch (Allium ursinum), auch wilder Knoblauch genannt, enthält wie die Zwiebel und der Knoblauch Allicin. Allicin ist ein Spaltungsprodukt von Alliin, einer Aminosäure. Es stärkt das Herz und reinigt die Gefäße, vor allem ist es für seine keimtötende und antibakterielle Wirkung bekannt. Allicin gilt als natürliches Antibiotikum und wirkt gegen ein breites Spektrum an Krankheitserregern wie etwa Bakterien und Pilze. Bärlauch ist zudem reich an Chlorophyll, er enthält 422 mg davon, im Vergleich dazu enthält Spinat 115 mg. Bärlauch ist eine tolle Schwefelquelle und enthält viel Vitamin C. Selbstverständlich ist er sehr geeignet für ein Pesto, als Suppe, aber auch roh im Salat. Ganz fein in Streifen geschnitten ist er für jeden Salat eine Bereicherung. Bärlauch ist allerdings nur kurze Zeit im Jahr verfügbar, nämlich je nach Gegend von Anfang März bis Anfang Mai. Wer Bärlauch selber sammeln möchte, sollte ihn nicht mit Maiglöckchen verwechseln, deren Blätter ähnlich aussehen, die aber giftig sind. Maiglöckchen fehlt der typische bärlaucheigene Knoblauchgeruch. Die beste Erntezeit ist vor der Blüte. Sobald Bärlauch blüht, verlieren die Blätter an Geschmack und werden faserig.

Bärlauchpesto

Zubereitungszeit: ca. 10 Min.
Für ca. 2 Gläser

300 g frischer Bärlauch
100 g Sonnenblumenkerne
150–160 kalt gepresstes Olivenöl
1–2 TL Steinsalz
Pfeffer aus der Mühle

Den Bärlauch putzen, waschen und trocken tupfen. Die Sonnenblumenkerne in einer Pfanne ohne Fett rösten. Mit den restlichen Zutaten pürieren. Das Pesto in sterilisierte Einmachgläser füllen und die Oberfläche mit Öl bedecken. Das Pesto als Brotaufstrich, zum Würzen von Suppen oder für Salatdressings verwenden.

Basilikum Ein Kraut, das gepflegt werden will

Wir kaufen diese Gewürzpflanze meist im Supermarkt in handgroßen runden Töpfen und nach kurzer Zeit geht das Basilikumpflänzchen auch schon ein. Ich schreibe mit Absicht Pflänzchen, denn es kann richtig gehalten zu einer großen, saftigen Pflanze werden! Basilikum braucht mehr Platz als einen kleinen Topf. Deshalb sollte Basilikum nach dem Kauf in einen größeren Topf umgepflanzt werden. Ich nehme dafür einen rechteckigen, in dem die Pflanze viel Platz hat. Ein Teilen der Pflanze ist sinnvoll, ein Ausdünnen der oft dicht wachsenden Triebe kann helfen, damit Sie lange Freude an Ihrem Basilikum haben. Die einzelnen Pflänzchen brauchen mehr Platz und neue Erde. Auch richtiges Gießen ist wichtig: Basilikum darf weder zu trocken noch zu nass sein. Gleichmäßig feucht wäre ideal. Gießen Sie keinesfalls die Blätter, sondern nur die Erde. Eine andere und oft bessere Option ist die Bewässerung von unten, indem der Topf für einige Minuten in ein Gefäß mit Wasser gestellt wird. An heißen Tagen bitte täglich gießen.

Basilikum verleiht Pasta und Pesto den unverkennbaren Geschmack. Aber nicht nur das, Basilikum hilft gegen Traurigkeit, Gefühle der Leere und Antriebslosigkeit, schon allein der Geruch wirkt stimmungsaufhellend. Der aromatische Geruch deutet darauf hin, dass Basilikum eine nicht unerhebliche Menge an ätherischen Ölen vereint. Vitamin A, C, D, E und Mineralstoffe wie Magnesium, Kalzium und Kalium können im Basilikum nachgewiesen werden. Selbst Eisen spendet das schöne Küchenkraut. Es wirkt entzündungshemmend und entspannungsfördernd. Und nicht ganz nebensächlich: Das grüne Blattkraut ist ein natürliches Aphrodisiakum!

Dill Macht glücklich und gute Laune

Um diese Gewürzpflanze ranken sich viele Mythen: So soll ein Bund Dill unter dem Kopfkissen gegen Albträume helfen, während es an der Tür angebracht böse Hexen fernhalten soll. Dill ist reich an Tyrosin, das die Bildung von Dopamin anregt, was uns wiederum mit Glücksgefühlen überschwemmt. Außerdem hilft er gegen Schlafstörungen und wirkt anregend bei Appetitlosigkeit. Ich esse zu fast allem Dill, wenn er frisch ist. Aber auch als Tee ist er sehr zu empfehlen. Entscheidend für die Nutzung als Gewürz ist der Gehalt an ätherischen Ölen in den dünnen grünen, haarähnlichen Fransen. Deshalb ist es wirklich wichtig, auch die Stängel zu verarbeiten – ob in Smoothies oder Suppen. Insgesamt enthalten 100 g zwischen 0,1 und 0,35 g ätherische Öle. Für einen Tee können die Früchte oder das Kraut verwendet werden.

Gurkenwasser mit Melone und Dill

1 Bio-Garten-Landgurke
1/8 Wassermelone
1 Bund Dill
2 l stilles Quellwasser oder gefiltertes Wasser

Gurke waschen und klein schneiden. Melone entkernen und das Fruchtfleisch aus der Schale lösen und klein schneiden. Dill waschen und trocken schütteln. Das Wasser in einen Krug (3 l Inhalt) füllen und Gurke, Melone und Dill dazugeben. Bei Zimmertemperatur 2 bis 4 Stunden ziehen lassen. Schmeckt köstlich und beschwingt den Körper.

Petersilie Ein Hauptdarsteller

Taboulé

2 Bund glatte Petersilie
1 Bund frische Minze
3 dünne Frühlingszwiebeln
2 große feste Tomaten
50 ml Olivenöl
Saft von 1 Zitrone
abgeriebene Schale von ½ Bio-Zitrone
Steinsalz
2 EL gekochter Amarant

Petersilie und Minze waschen, trocken schütteln und fein hacken. Frühlingszwiebeln putzen und in feine Ringe schneiden. Tomaten waschen und in kleine Würfel schneiden. Alles in einer Salatschüssel mit Olivenöl, Zitronensaft und -schale vermengen. Mit Salz abschmecken und den Amarant unterrühren. Wer möchte und einen Granatapfel hat, kann die Kerne dazugeben.

Spätestens seit ich vor vielen Jahren im Libanon auf Reisen war, habe ich gelernt: Petersilie ist keine Dekoration! Die arabische Küche hat mich damals sehr beeindruckt – ihre Frische und Vielseitigkeit sind für meine Ernährung und meine Küche sehr prägend gewesen. Petersilie ist dort im Taboulé die Hauptzutat. Und das wird seinen Grund haben: Denn Petersilie enthält psychotrope Stoffe und sorgt so für gute Laune, in manchen Petersiliensorten ist Myristicin enthalten, es wirkt bekanntermaßen entspannend.

FENCHEL

Dem Fenchel wird nachgesagt, dass er unsere Stimmung hebt. Ich kann das nur bestätigen, schon allein wenn ich mir diese wunderschöne Knolle ansehe, geht mir mein Herz auf.

Wir sollten uns auch manchmal die Zeit nehmen und unsere Gemüsesorten genau betrachten. Sehr oft sind es Meisterwerke der Natur, wenn man sich dann noch vorstellt, wie Fenchel, botanisch Foeniculum vulgare, aus einem Samen gewachsen ist, entstehen bei mir auf jeden Fall schon Glücksgefühle. Fenchel ist der einzige Vertreter der Gattung innerhalb der Familie der Doldenblütler (Apiaceae), der bis zu 150 cm hoch werden kann. Die knollenähnliche Speicherzwiebel, wie sie auch genannt wird, benötigt einen warmen Standort mit nährstoffreichem Boden.

Eine gesunde, aber vernachlässigte Knolle

Fenchel wächst wild an den Küsten des Mittelmeers. Er wird jedoch überall in Europa kultiviert. Der Knollenfenchel ist nicht nur sehr beliebt und eine weltweit bekannte Gemüse- und Gewürzpflanze. 2009 wurde er sogar zur Arzneipflanze des Jahres gewählt. Ich schreibe hier über die Knolle, was leider immer vergessen wird, ist aber das Fenchelgrün, das schon vor dem Kauf oft abgeschnitten wird. Das ist aus meiner Sicht eine Schande! Es ist so gesund und bringt so viel Aroma mit. Mittlerweile weiß man durch Untersuchungen, dass im Fenchelgrün sogar mehr Mineralien stecken als in der Knolle. Außerdem befinden sich im Fenchelgrün Omega-3-Fettsäuren, darunter Alpha-Linolensäure. Sie verbessern die Fließeigenschaften unseres Blutes und wirken blutdrucksenkend, dazu entzündungshemmend und beeinflussen den Fettstoffwechsel positiv. Auch verschiedene ätherische Öle wurden im Fenchellaub nachgewiesen, darunter Anethol, es kann schleimlösend und leicht antibakteriell wirken.

Ätherische Öle sorgen nicht nur für positive Wirkung auf Magen und Darm. Der angenehme süßliche Anisgeruch weckt auch die Gute-Laune-Geister.

Fenchel kann mehr als nur Tee

Die Fenchelknolle schmeckt gebraten, gekocht und roh in unterschiedlichen Varianten immer köstlich. Fenchel ist mild und süßlich mit einem Anisaroma und kommt daher auch bei Kindern sehr gut an. In unserer Küchenkultur ist Fenchel allerdings verglichen zu Frankreich (fenouil) oder Italien (finocchio) nur vereinzelt anzutreffen.

Die Knolle wirkt stresslindernd, bringt Energie und gute Laune. Die Faserstoffe des Fenchels, die nicht verdaut werden, quellen im Darm auf und binden so Fette und Gifte, die dann abtransportiert und ausgeschieden werden. Das war schon in der Antike bekannt, so wurde der Fenchel auch schon dort für die Gesundheit eingesetzt. Im Mittelalter wurde er aber auch zum Schutz vor Hexen und bösen Geistern verwendet.

Fenchel eignet sich übrigens auch sehr gut bei Histamin- und Fruktoseintoleranz, da Tyramin und Sorbit nur in geringen Mengen vorhanden sind. Die enthaltenen ätherischen Öle – ob in den Fenchelsamen als Tee aufgegossen oder als Gewürz in den unterschiedlichsten Gerichten – wirken beruhigend auf den Magen. Fenchelöl wird aufgrund des hohen Anteils an Phytoöstrogen auch bei Menstruationsbeschwerden oder bei Harnwegsinfektionen empfohlen.

Wie die alten Römer

Eine kleine Anekdote zu dieser schmackhaften Knolle am Rande: Glaubt man der Geschichte von Asterix und Obelix, dann verspürte schon der große Cäsar in einer Episode während einer Parade einen unabdinglichen Appetit auf einen Fenchelsalat. Was ich damit sagen möchte, ist, wer einmal auf den Geschmack gekommen ist, will kulinarisch nicht mehr darauf verzichten.

In Kombination mit den gelieferten Inhaltsstoffen der Knolle, wie Folsäure oder Vitamin B_9, Eisen und weitere Vitamine wie Vitamin C, übrigens mehr als in Orangen, Vitamin B_1, das unser Nervenkostüm stärkt, Vitamin A, das gut für unsere Augen ist, Vitamin E, das antioxidativ und entzündungshemmend wirkt. Fazit: Wir sollten es wie Cäsar halten und unabdinglichen Appetit auf Fenchel haben.

Fenchelsalat mit Pfirsich, Pistazien und Basilikum

Dieser Power-Salat liefert viele Nährstoffe und Ballaststoffe. Zur Zubereitung: Ich hobele den Fenchel meistens, dadurch bekommt der Salat einen feineren Geschmack und der Geruch wird noch intensiver, was zur guten Laune sehr viel beiträgt. Zudem ist er auch noch besser verträglich und bekömmlicher.

Zubereitungszeit: ca. 10 Min.
Für 2 Personen

Zutaten:

1 Fenchelknolle (mit Fenchelgrün)
1–2 Pfirsiche oder 2–3 Aprikosen
2 EL Chiliöl
1 TL frisch gepresster Zitronensaft
1 EL Himbeeressig oder Apfelessig
Steinsalz
Pfeffer aus der Mühle
3–4 EL Pistazien (ungesalzen)
3–4 Stängel Basilikum

Zubereitung:

1. Fenchel und Pfirsich bzw. Aprikosen waschen. Den Fenchel halbieren und den Strunk mit einem Messer oder Kugelausstecher entfernen. Fenchel und Pfirsich oder Aprikosen dünn hobeln. Beides vermengen.

2. Chiliöl, Zitronensaft, Essig und etwas Salz und Pfeffer in ein verschließbares Glas füllen und gut schütteln, bis sich alle Zutaten miteinander zu einer homogenen Flüssigkeit vermischt haben. Das Dressing über den Salat geben, Pistazien hinzufügen, alles verrühren und mit kleingeschnittenen Basilikumblättern bestreuen.

Pistazien liefern viel Folsäure, auch Vitamin B_9 genannt. Sie ist für die Teilung und die Neubildung von Zellen unentbehrlich. Außerdem spielt sie eine Rolle im Eisen- und Vitamin-B_{12}-Stoffwechsel. Pistazien enthalten zudem viel Vitamin B_1, dieses Vitamin ist beteiligt am Energiestoffwechsel der Körperzellen. Pistazien sind auch zu empfehlen zum Schutz vor Herz-Kreislauf-Erkrankungen. Das liegt unter anderem an ihrem hohen Gehalt an ungesättigten Fettsäuren und Kalium. Ungesättigte Fettsäuren sind gut für die Blutgefäße und das Herz. Außerdem sorgen sie dafür, dass der sogenannte LDL-Cholesterin-Wert sinkt.

Fenchelcurry

Dieses frische, fruchtige Curry schmeckt zu jeder Jahreszeit – ob kalt im Sommer oder wärmend im Winter. Sumach bringt eine leicht säuerliche Note ins Spiel.

Zubereitungszeit: ca. 35 Min.
Für 2 Personen

Zutaten:

100 g Tiefkühl-Erbsen
1 große Fenchelknolle (mit Fenchelgrün)
½ Zucchini
½ rote Spitzpaprika
1 kleine rote Chilischote
1 Stück frischer Ingwer (2–3 cm dick)
2 Möhren
2 Schalotten
2 Knoblauchzehen
1 TL Kokosöl
200 ml Gemüsebrühe
200 ml Kokosmilch
1–2 TL Sumach-Gewürzmischung (siehe S. 113) oder Currypulver
Saft und abgeriebene Schale von ½ Bio-Zitrone
½ TL Steinsalz
Pfeffer aus der Mühle

Zubereitung:

1. Die Erbsen auftauen lassen. Fenchel, Zucchini, Paprika, Chili und Ingwer waschen. Den Fenchelstrunk herausschneiden, etwas Fenchelgrün für die Deko beiseitelegen, den Rest klein schneiden. Die Möhren schälen und wie den Fenchel hobeln. Die Zucchini in Scheiben schneiden. Die Paprika putzen, entkernen und in Ringe schneiden. Den Ingwer fein reiben. Schalotten und Knoblauch schälen und klein schneiden. Die Chilischote halbieren, nach Belieben entkernen und ganz fein hacken.

2. Das Kokosöl bei mittlerer Hitze in einem Topf zerlassen, Schalotten und Knoblauch darin andünsten. Die Möhren und die Paprika dazugeben und 1 Minute andünsten. Mit der Gemüsebrühe ablöschen. Den Fenchel und das Grün, die Zucchini und die Erbsen dazugeben und kurz aufkochen. Kokosmilch, Ingwer, Sumach oder Currypulver, Zitronensaft und -schale, Steinsalz und Pfeffer und hinzufügen und alles 5 Minuten bei mittlerer Hitze köcheln lassen.

3. Den Herd ausschalten und das Curry noch 10 Minuten ziehen lassen. Das spart Energie und das Gemüse bleibt knackig. Das Curry mit Fenchelgrün bestreuen. Mit Amanrant oder Quinoa servieren oder pur genießen.

Gebratener Fenchel mit Süßkartoffel

Zubereitungszeit: ca. 45 Min.
Für 2 Personen

Zutaten:
1 Süßkartoffel
Steinsalz
Pfeffer aus der Mühle
4–5 EL Olivenöl oder Rapsöl
1–2 EL gehackter Koriander
1 Schuss Apfelessig
1 Fenchelknolle (mit Fenchelgrün)
1 TL Sumach-Gewürzmischung (siehe S. 113) oder ½ TL Currypulver
½ TL Paprikapulver
etwas Zitronensaft

Die Süßkartoffel passt sehr gut in unser Gute-Laune-Programm, denn sie enthält viel Vitamin A und Betacarotin. Vitamin A ist fettlöslich, deshalb sollten Süßkartoffeln auch mit etwas Fett zu sich genommen werden. Außerdem enthalten sie Antioxidantien und entzündungshemmende Nährstoffe. Die Kartoffel ist außerdem voller Ballaststoffe, die wichtig für eine gesunde Verdauung und einen ausgeglichenen Blutzuckerspiegel sind.

Zubereitung:

1. Die Süßkartoffel 30 bis 40 Minuten in ausreichend Wasser kochen. Kurz abkühlen lassen, halbieren, das Fruchtfleisch mit einem Löffel herauslösen. Mit Salz, Pfeffer, 2 EL Olivenöl, gehacktem Koriander und dem Essig zerdrücken und abschmecken. In die Süßkartoffelhälften füllen.

2. In der Zwischenzeit die Fenchelknolle waschen. Den Fenchel längs in 4 ca. 1 cm dicke Scheiben schneiden, den Strunk keilförmig herausschneiden. Das restliche Öl in einer Pfanne erhitzen. Den Fenchel darin bei mittlerer Hitze 4 Minuten zugedeckt braten, dann 1 EL Wasser dazugeben und den Fenchel bei mittlerer Hitze 4 bis 5 Minuten garen. Mit den Gewürzen bestreuen.

3. Die Fenchelscheiben wenden und weitere 4 Minuten braten. Wer eine knusprige hellbraune Kruste möchte, kann die Fenchelscheiben leicht beschweren. Ich empfehle, die Scheiben nicht zu heiß anzubraten, das zerstört viele wertvolle Inhaltsstoffe.

4. Den Fenchel mit 1 Spritzer Zitronensaft befeuchten. Den Fenchel mit Süßkartoffel und nach Belieben etwas Salat servieren.

Flohsamen-Schalen

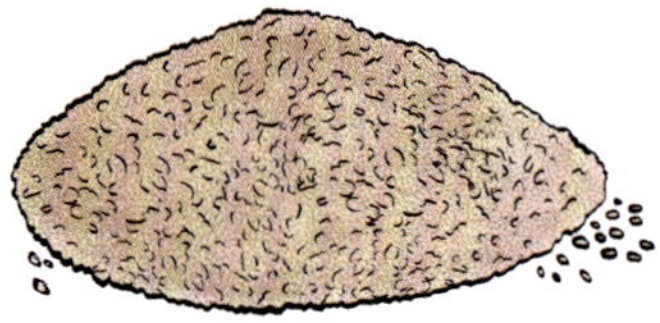

Jetzt kommt eine geballte Ladung Kraftfutter! Lassen Sie uns das Gute in uns damit füttern. Nämlich mit Ballaststoffen aus Flohsamenschalen. Das sind spezielle wasserlösliche Ballaststoffe, auch Präbiotika genannt.

Ballaststoffe generell und präbiotische Lebensmittel sollten unbedingt Teil einer ausgewogenen Ernährung sein. Denn so pflegen und hegen wir unseren Darm und stabilisieren damit unsere Gesundheit. Wer schon mal Erfahrungen mit Ballaststoffen gemacht und sie nicht sofort besonders gut vertragen hat, weil es eventuell zu Blähungen kam, dem kann ich nur Flohsamenschalen empfehlen. Im Gegensatz zu Leinsamen oder Weizenkleie führen sie nicht zur Bildung von Darmgasen, welche unangenehme Blähungen zur Folge haben.

Präbiotika sind eine bestimmte Art von Pflanzenfasern, die wir z. B. auch in Topinambur, Champignons, Artischocken, Lauch und Knoblauch finden. Unser Verdauungstrakt kann diese Pflanzenfasern nicht verdauen, das übernehmen unsere „guten" Darmbakterien für uns. Sie lieben Präbiotika und bauen sie für uns ab. Dabei entstehen sogenannte kurzkettige Fettsäuren, die allerlei positive Wirkungen haben. Zudem vermehren sich unsere guten Darmbewohner fleißig, wenn sie gut im Futter stehen, das bedeutet, wir können so das gesunde Gleichgewicht – die Symbiose der Mikroorganismen im Darm –, erhalten. Das ist für unser Bauchhirn wirklich das stärkste Argument für gute Laune.

Herkunft und Name

Psyllium bedeutet auf Lateinisch Floh, so werden die kleinen Samen auch genannt. Flöhe haben aber mit dem rein pflanzlichen Flohsamen und deren Schalen nichts gemein, außer dass die Samen der Pflanze „Plantago ovata" so klein sind wie Flöhe. Diese wunderbare Pflanze gehört zur Gattung der Wegeriche. Sie werden vielleicht überrascht sein, wenn Sie feststellen, dass Sie diese Pflanzen schon häufig an fast jedem Wegesrand und auf vielen Wiesen gesehen haben. Die als Heilpflanzen bekannten Spitz- und Breitwegeriche enthalten Schleimstoffe, Kieselsäure, Gerbstoffe sowie Aucubin, das entzündungshemmend und reizlindernd wirkt. Deshalb werden die Blätter auch häufig als Soforthilfe bei Insektenstichen verwendet.

Plantago ovata hat seinen Ursprung in Indien und Pakistan, wird aber inzwischen auch in Mitteleuropa, Amerika und Australien angebaut. Flohsamenschalen sind in Apotheken, Bio-Märkten und Drogerien in verschiedenen Formen erhältlich. Und zwar als ganze Flohsamen, geschrotete Samen, Flohsamenschalen und Flohsamenschalenpulver. Ich verwende meistens die Flohsamenschalen, denn gerade in den Schalen ist der wichtige verdauungsfördernde Schleimstoff enthalten.

Die Schleimstoffe binden das Wasser im Darm, quellen auf und sorgen für eine gute Verdauung.

Was Flohsamen alles können

Flohsamen und Flohsamenschalen wirken mild abführend bei Verstopfung, dafür sorgen die enthaltenen Schleimstoffe. Andererseits wirken sie aber auch regulierend bei Durchfall, weil sie überschüssige Flüssigkeit binden. Bei Kontakt mit Flüssigkeit quellen Flohsamenschalen auf. Durch die äußere Schicht aus langkettigen Zuckern (Kohlenhydraten) binden sie das Wasser und vervielfachen ihr Volumen. Diese Quellfähigkeit ist neben dem hohen Anteil an Ballaststoffen essenziell für die positiven Effekte der Flohsamenschalen auf die Verdauung.

Flohsamen und Flohsamenschalen unterscheiden sich folgendermaßen: Die schleimbildende Polysaccharidschicht ist vor allem auf der Schale vorhanden. Der Nährwert ist verglichen mit den Samen deshalb höher. Im Durchschnitt haben 100 g Flohsamenschalen 185 Kilokalorien. Im Gegensatz dazu haben 100 g der Samen nur rund 28 Kilokalorien.
Flohsamenschalen helfen beim Abnehmen, weil sie durch die Fähigkeit stark zu quellen, ein großes Volumen im Magen erzeugen, was zu einem lang anhaltenden Sättigungsgefühl führt. Zu Recht haben die Flohsamen und ihre Schalen eine lange Geschichte als Heilmittel. Die Fähigkeit des Absorbierens, um Schadstoffe und Krankheitserreger zu binden, ist schon seit Jahrtausenden angewendet worden. Allerdings kann ich es nicht oft genug sagen: Wo Licht ist, ist auch Schatten. Flohsamenschalen ziehen und binden viel Feuchtigkeit, deshalb achten Sie bitte immer auf eine ausreichende Wasseraufnahme, wenn Sie Flohsamen, Flohsahmenschalen oder Gerichte damit essen.

Zu beachten ist außerdem, dass durch den unterschiedlichen Quellindex von Flohsamenschalen und Flohsamen die beiden Produkte nicht verwechselt werden sollten. Sie haben zwar denselben Ursprung, weisen aber andere Quellfähigkeiten auf. Die Dosierung sollte immer angepasst werden. Egal ob Sie kochen oder backen oder die Flohsamen oder -schalen pur als Darmkur anwenden, halten Sie sich immer an die empfohlenen Mengenangaben.

Bunte Gemüse-Wraps

Für dieses Gericht benötigen Sie einen Dörrautomaten, ich hatte lange selber keinen, kann diese Anschaffung für die Zubereitung für viele Speisen aber nur empfehlen. Egal ob für getrocknetes Obst oder Gemüse – mit einem Dörrautomaten sind Sie auf der sicheren Seite des Geschmacks ohne Zusatzstoffe.

Zubereitungszeit: ca. 45 Min. plus 7–9 Std. Dörrzeit

Für 3 verschiedenfarbige Wraps

Zutaten:

600 g rote Paprikaschoten
400 g rote Tomaten
3–4 geh. EL Flohsamenschalen (es kommt darauf an, wie saftig das Gemüse ist), evtl. noch etwas Flohsamenschalen hinzufügen
Steinsalz

600 g gelbe Paprikaschoten
400 g gelbe Tomaten
3–4 geh. EL Flohsamenschalen
Steinsalz

200 g grüne Paprikaschoten
400 g Zucchini
3–4 Tabletten Chlorella oder Spirulina (Mikroalgen)
3–4 geh. EL Flohsamenschalen
Steinsalz

Zubereitung:

1. Paprika, Tomaten und Zucchini waschen, die Paprika putzen und entkernen. Für den roten Wrap rote Paprika und rote Tomaten im Hochleistungsmixer zu einer gleichmäßigen Creme mixen und in eine Schüssel geben. Die Flohsamenschalen dazugeben und gut verrühren. Mit Salz würzen.

   Für den gelben Teig mit gelben Paprika und Tomaten ebenso verfahren.

   Für den grünen Teig grüne Paprika und Zucchini im Hochleistungsmixer mit Chlorella oder Spirulina mixen. Flohsamenschalen und Salz dazugeben und gut verrühren.

2. Die Teige jetzt für ca. 20 Minuten quellen lassen, bis sie gel- oder puddingartig sind. Die Teige auf drei verschiedene Dörrbleche mit Dörrfolie ca. 3 bis 4 mm dünn ausstreichen und ca. 5 bis 6 Stunden bei 38 bis 40 °C im Dörrautomaten trocknen. Dann wenden und noch mal ca. 2 bis 3 Stunden dörren.

3. Die Wraps nach Belieben mit Füllungen, z. B. zerquetschte Süßkartoffel, Amarant-Gemüse-Mix, bestreichen und aufrollen.

Tipp: Wer keinen Dörrautomaten besitzt oder sich keinen anschaffen möchte, kann die Gemüseteige auch im Backofen dörren. Die Teige auf verschiedene Bleche streichen und bei 60 °C (Umluft) mehrere Stunden dörren. Dabei einen Holzlöffel in die geöffnete Backofentür klemmen, damit die feuchte Luft entweichen kann. Die Bleche am besten von oben nach unten wechseln, damit alles gleichmäßig dörrt.

Mohnrolle mit Datteln

Zubereitungszeit: ca. 45 Min.
plus 3–4 Std. Einweichzeit
Für 1 Strudel

Zutaten:

Für den Teig:
6–7 Datteln (je nach Größe; ohne Kern)
250 g Cashewkerne
100 g Erdmandelmehl
5 geh. EL Flohsamenschalen
Steinsalz
Mark von ½ Vanilleschote

Für die Füllung:
5–6 Datteln (je nach Größe; ohne Kern)
200 g Bio-Mohn
4 EL Nusspaste (nach Geschmack)

Zubereitung:

1. Die Datteln für Teig und Füllung mindestens 3 bis 4 Stunden in Wasser einweichen. Für den Teig 6 bis 7 Datteln im Mixer mit etwas Einweichwasser cremig mixen. Die Cashewkerne im Mixer zu Mehl verarbeiten.

2. Beides mit Erdmandelmehl, Flohsamenschalen, 150 ml Wasser, 1 Prise Steinsalz und Vanillemark verrühren und durchkneten. Die Masse zum Quellen mindestens 30 Minuten in den Kühlschrank stellen.

3. Die Datteln für die Füllung mit etwas Einweichwasser im Mixer cremig pürieren. Mohn und Nusspaste dazugeben und gut verrühren. Alle Zutaten in eine Schüssel geben und gut verrühren. Die Füllung kurz in den Kühlschrank stellen.

4. Den Teig aus dem Kühlschrank nehmen und auf einer Silikonmatte zu einem ½ cm dicken Rechteck ausbreiten. Die Mohncreme darauf verteilen, dabei an den Rändern in der Breite ca. 1 cm und in der Länge ca. 10 cm frei lassen. Den Teig vorsichtig aufrollen. Den fertigen Strudel noch einmal kühl stellen. Zum Servieren anschneiden.

Flohsamenbrot

Schon Hildegard von Bingen wusste um die Heilkraft von Ysop und schätzte das Gewürz als Stimmungsaufheller. Ysop (Hyssopus officinalis) ist in Deutschland ein ziemlich häufig anzutreffendes Wildkraut, trotzdem kennt es kaum jemand. Das kann sich jetzt ändern, greifen Sie in Zukunft öfter zu Ysop.

Zubereitungszeit: ca. 1 Std. plus 6–8 Std. Ruhezeit
Für 1 kleine Kastenform

Zutaten:

3 EL Kokosöl oder -fett
1 TL Anis- oder Kümmelsamen
150 g Haferflocken (glutenfrei oder Buchweizen)
135 g Sonnenblumenkerne
90 g geschroter Leinsamen
65 g gemahlene Haselnüsse
2 EL Chiasamen
4–5 EL Flohsamenschalen
1–2 TL gemahlener Ysop
1 ½ TL Salz
1 TL Erythrit
1 TL Sonnenblumenkerne oder Kürbiskerne

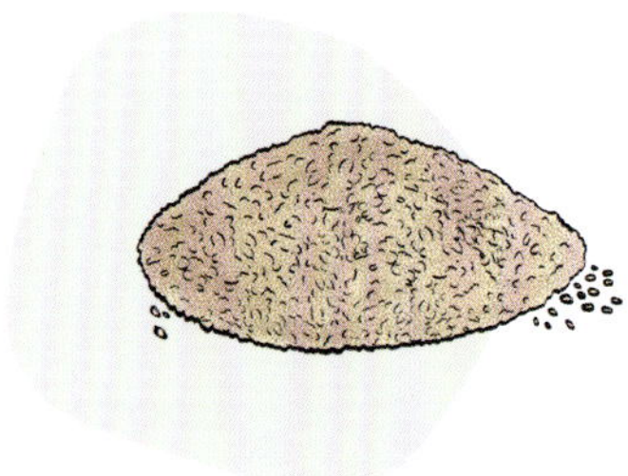

Zubereitung:

1. Den Teig am besten am Vorabend ansetzen, er sollte 6 bis 8 Stunden ruhren. Das Koksöl zerlassen und abkühlen lassen.

2. Die Anissamen im Mörser zerstoßen. Haferflocken, Sonnenblumenkerne, Leinsamen, Haselnüsse, Chiasamen, Flohsamenschalen, Anis, Ysop und Salz in eine Schüssel geben. Erythrit in 350 ml Wasser auflösen, langsam in die Schüssel geben und alles gründlich verkneten. Das Öl dazugeben und erneut durchkneten.

3. Eine kleine Kastenform mit Backpapier auskleiden und den Teig darin verteilen und andrücken. Mit einem Geschirrtuch abdecken und über Nacht stehen lassen.

4. Am nächsten Tag den Backofen auf 180 °C (Umluft) vorheizen. Das Brot mit Wasser besprühen und mit Sonnenblumenkernen oder Kürbiskernen bestreuen. 50 bis 60 Minuten backen und nach ca. 30 Minuten noch einmal mit Wasser besprühen.

GRÜNER SPARGEL

Spargel – das begehrte Stangengemüse – hat nur kurze Zeit im Frühling Saison. Je nach Witterung gibt es Spargel bereits ab Mitte April, das Ende ist aber auf den 24. Juni (Johannistag) festgelegt. Weiß oder grün: Welcher Spargel ist gesünder?

In diesem Kapitel erfahren Sie viel Wissenswertes über das Edelgemüse Spargel, botanisch (Asparagus officinalis) aus der Familie der Liliengewächse. Spargel bedeutet nichts anderes als junger Trieb (griech. aspáragos) und um diese jungen weißen Triebe wird jedes Jahr aufs Neue ein großer Rummel veranstaltet. Die Spargelpreise schaffen es regelmäßig in die Nachrichten. Warum interessiert uns dieses Gemüse so viel mehr als andere? Vielleicht liegt es an der kurzen Verfügbarkeit im Jahr – alles, was nur selten zu haben ist, wird umso reizvoller –, aber auch an der Wirkung für unsere Schönheit und Gesundheit.

Gesunde Delikatesse

Denn unzählige Mythen ranken sich um den Spargel, der entgiftet, entschlackt und schlank macht. Grund dafür sind sicherlich der hohe Wasseranteil und die wenigen Kalorien, nämlich nur 18 auf 100 g. So kommt es, dass 100 000 Tonnen weißer Spargel im Jahr in Deutschland gegessen werden. Ja, weißer Spargel ist gesund und des Deutschen liebstes Frühjahrsgemüse. Wussten Sie, dass unser Gemüsespargel noch bis ins 19. Jahrhundert als Arznei ärztlich „verschrieben", also empfohlen wurde? Der weiße Spargel, auch Bleichspargel genannt, ist in der Tat eine sehr deutsche Sache, in USA und England ist er kaum bekannt. Dort wird der grüne sehr geschätzt und zu allen Jahreszeiten gerne gegessen und in Frankreich setzt man in der Haute Cuisine sogar auf die violetten Köpfe.

Nicht nur eine Frage des Geschmacks

Was unterscheidet nun den weißen vom grünen Spargel? Zunächst einmal die Art des Anbaus. Der weiße Spargel wächst unter der Erde in sandigen Erdwällen. Da er Wärme liebt, werden die Wälle meist noch mit Kunststofffolien abgedeckt, damit er früher geerntet werden kann. Heutzutage – in Zeiten von Nachhaltigkeit und steigendem Umweltbewusstsein – ist Plastik aber vermehrt zum Thema geworden, deshalb sollte die Abdeckung mit Kunststofffolien auch kritisch hinterfragt werden. Es geht aber nicht nur um die Herstellung und die Entsorgung der Kunststoff-/PVC-Folien, sondern auch darum, dass bei der Anwendung der natürliche Lebensraum von vielen Tieren, Insekten, Vögeln und Mikroorganismen zerstört wird.
Der grüne Spargel hingegen wächst in normalen Beeten über der Erde, wo er Licht und Sonnenstrahlen unmittelbar ausgesetzt ist. Er darf also in der Sonne baden und an der daraus resultierenden Fotosynthese teilhaben, die den grünen Pflanzenfarbstoff

Der hohe Folsäuregehalt – ein B-Vitamin – hilft bei Müdigkeit, Konzentrationsstörungen und bringt den Stoffwechsel in Schwung.

Chlorophyll bildet. Chlorophyll stärkt nachweislich unser Immunsystem, lässt uns besser schlafen, ist ein stark wirkendes Antioxidans und hilft bei Verstimmungen und Depressionen. Mit diesem sekundären Pflanzenstoff sind wir der guten Laune schon wieder etwas näher. Grünspargel enthält mehr gesunde Inhaltsstoffe und wichtige Vitamine als weißer Spargel und schmeckt intensiver. Obwohl der grüne Spargel nicht nur beim Anbau ökologische Vorteile mit sich bringt, sondern auch deutlich mehr und höhere Konzentrationen an Vitaminen und Mineralstoffen aufzuweisen hat, wird in Deutschland dennoch überwiegend der weiße verkauft. Der Anteil des grünen Spargels liegt unter 10 %. Wie schon erwähnt, ist das Verhältnis in anderen Ländern umgekehrt, dort wird die gesündere Variante bevorzugt.

Es wäre also aus den verschiedensten Gründen einen Versuch wert, uns Deutsche vom weißen Spargel etwas wegzubringen. Weißer Spargel ist im Gegensatz zum grünen auch viel arbeitsintensiver. Er muss makellos geschält und eine Weile gekocht, gebraten oder gedämpft werden. Leider wird das Edelgemüse oft zu lange gekocht und zusätzlich häufig noch von einer Sauce hollandaise erschlagen. Für mich ist das ein Schachmatt für dieses Gemüse. Wir sollten hier neue Wege bei der Nährstoffzufuhr gehen und gesundes Gemüse nicht ungesund zubereiten.

Neben den sekundären Pflanzenstoffen wie Chlorophyll und Saponin enthält Spargel viele Spurenelemente, Mineralstoffe, Vitamine und Ballaststoffe. Der grüne Spargel enthält zudem mehr Provitamin A und Vitamin C als weißer, der Anteil an B-Vitaminen wie Folsäure ist dreimal so hoch wie der im weißen Spargel. Bekanntlich helfen gerade die Vitamine dieser Gruppe bei Erschöpfungszuständen, Müdigkeit und Konzentrationsstörungen und bringen den Stoffwechsel in Schwung. Spargel enthält auch Asparagusinsäure, die die Nierenfunktion anregt und entwässernd wirkt. Sie ist eine schwefelhaltige Carbonsäure, die für den charakteristischen Spargeluringeruch verantwortlich ist. Ob sie im Körper durch ein Enzym abgebaut wird oder nicht, entscheiden unsere Gene. Und noch ein Vorteil von Spargel, er enthält Glutathion. Glutathion wirkt stark gegen freie Radikale und kann Zellschäden entgegenwirken.

Einkauf, Lagerung und Zubereitung

Da grüner Spargel in Anbau und Ernte weniger aufwendig ist als weißer, ist er meistens auch etwas günstiger. Es ist sinnvoll – wie bei allen Gemüse – auch hier Bio- oder regionale Qualität zu kaufen. Frischen Spargel erkennt man folgendermaßen: Der grüne sollte von Kopf bis Fuß in derselben grünen Farbe sein. Die Köpfe müssen geschlossen sein, sie sollten nicht hängen. Spargel besteht generell zu 95 % aus Wasser und beim grünen verdunstet es schneller, weil seine Haut dünner ist. Die Spargelenden sollten saftig sein. Am besten lagert man den weißen Spargel in ein feuchtes Tuch gewickelt, so hält er sich mehrere Tage im Gemüsefach des Kühlschranks. Den grünen Spargel lagert man ebenso, noch besser allerdings stehend in Wasser. Grüner Spargel muss nur im unteren Drittel geschält werden. Allerdings muss er teilweise auch nicht zwingend geschält werden, nur wenn die Enden hellweiß oder leicht violett sind. Weißer Spargel wird von oben nach unten geschält. Grüner Spargel wird etwas schneller gar als weißer. Je nach Dicke der Stangen sollte er 3 bis 5 Minuten in Dampf gegart werden. Oder er wird in der Pfanne mit wenig Öl kurz gebraten. Grüner Spargel kann wie weißer auch roh gegessen werden, diesen aber dann möglichst dünn schneiden und nur ganz frischen verwenden.

Grüner Spargel im Reispapiermantel auf Spargelsalat

Zubereitungszeit: ca. 25 Min.
Für 2 Personen

Zutaten:

Für den Spargelsalat:
10–12 Stangen grüner Spargel
Pflanzenöl
ca. 10 Löwenzahnblätter mit Strunk
¼ Radicchio
1 Handvoll Feldsalat
3–4 Radieschen
2–3 Stangen Staudensellerie
4–5 Cocktailtomaten (rot oder gelb)
Pfeffer aus der Mühle

Für das Dressing:
3 EL naturtrüber Bio-Apfelessig (nicht pasteurisiert)
3 EL naturtrüber ungesüßter Apfelsaft
3 EL Olivenöl
ca. ¼ TL Steinsalz

Für den Spargel im Reispapiermantel:
ca. 10 Stangen grüner Spargel
ca. 10 Blätter Reispapier
Pflanzenöl (z. B. Rapsöl)
Steinsalz

Wer meint, Löwenzahn ist nur ein lästiges Unkraut, irrt. In Wirklichkeit ist der Löwenzahn, botanisch Taraxacum genannt, als Antioxidans gegen oxidativen Stress bekannt und reinigt zudem den Körper, auch weil er sehr entwässernd wirkt. Durch die enthaltenen Bitterstoffe wird das Immunsystem gestärkt.

Zubereitung:

1. Für den Salat den Spargel waschen. Die trockenen Enden abschneiden. Den Spargel in ca. 1 cm kurze Stücke schneiden. Etwas Öl in einer Pfanne erhitzen und den Spargel darin kurz anbraten.

2. Löwenzahn, Radicchio und Feldsalat gut waschen und trocken schütteln. Die Strunkstücke des Löwenzahns fein schneiden und die Blätter im Ganzen lassen. Den Radicchio klein schneiden und den Feldsalat ganz lassen. Alles vermischen.

3. Radieschen, Selleriestangen und Tomaten putzen und waschen, dann in kleine Stücke schneiden. Zum Salat geben und beiseitestellen.

4. Für den Spargel im Reispapiermantel den Spargel waschen, die trockenen Enden abschneiden und eventuell das letzte Drittel schälen. Das Reispapier einzeln in Wasser einweichen, abtropfen lassen und um die Spargelstangen wickeln.

5. Das Öl in einer Pfanne erhitzen und den Spargel darin anbraten. Zugedeckt 2 bis 3 Minuten braten, bis das Reispapier leicht knusprig ist. Zum Schluss mit Steinsalz würzen.

6. Für das Dressing alle Zutaten in ein Schraubglas geben, gut verschließen und schütteln, bis das Dressing cremig ist. Unter den Salat mischen.

7. Die Spargelstücke in der Pfanne erst ganz zum Schluss etwas salzen und dann warm unter den Salat mischen. Pfeffer darübermahlen. Den Salat mit dem Spargel im Reispapiermantel servieren.

Spargel aus dem Ofen

Zubereitungszeit: ca. 30 Min.
Für 2 Personen

Zutaten:

500 g grüner Spargel
6–8 Cocktailtomaten (rot oder gelb)
1–2 Knoblauchzehen
1 Schalotte
1–2 EL Olivenöl
etwas Steinsalz

Zubereitung:

1. Den Backofen auf 160 °C (Umluft) vorheizen. Den Spargel waschen und die trockenen Enden abschneiden. Eventuell das letzte Drittel mit dem Sparschäler schälen.

2. Die Tomaten waschen und halbieren. Knoblauch und Schalotte schälen und achteln. Das Öl in eine Auflaufform geben und den Spargel hineingeben. Tomaten, Knoblauch und Schalotte dazugeben. Den Spargel je nach Dicke der Stangen im heißen Ofen 20 bis 25 Minuten garen. Zum Schluss mit Salz würzen.

Spargeltatar

Spargel roh zu essen ist nicht nur köstlich, er liefert auch viele Nährstoffe. Besonders Vitamin C, Vitamin B_1 und Vitamin B_9 sind in rohem Spargel besser verfügbar als in gegartem.

Zubereitungszeit: ca. 10 Min.
Für 2 Personen

Zutaten:

250–300 g grüner Spargel
5–6 Cocktailtomaten
2–3 EL Sesamöl
¼ TL Steinsalz
2 EL naturtrüber ungesüßter Apfelsaft
Pfeffer aus der Mühle

Zubereitung:

1. Den Spargel waschen und die trockenen Enden abschneiden. Eventuell das letzte Drittel mit dem Sparschäler schälen. Den Spargel in Stücke schneiden. Die Tomaten waschen und halbieren.

2. Spargel, Tomaten, Öl, Salz und Apfelsaft in den Multizerkleinerer geben und mixen, bis eine sämige Masse entstanden ist. Das Tatar nach Belieben im Portionsring oder als Nocken anrichten und mit frisch gemahlenem Pfeffer bestreuen. Als Vorspeise oder mit dem Ofenspargel servieren.

GURKE

Allen, die jetzt denken, dieses Kapitel könnte etwas langweilig werden, kann ich sagen: Ganz im Gegenteil – die Gurke ist eines der spannendsten und wertvollsten, aber leider nicht ausreichend gewürdigten Gemüse, die wir kennen.

Gurken machen mich überaus glücklich – ich habe fast immer welche zu Hause. Warum das so ist, werden Sie hier erfahren. Die Krux an der Sache ist nämlich, dass wir die Gurke als so normal empfinden, als etwas Alltägliches und dass wir deshalb ihren Wert für unsere Gesundheit, Schönheit und unser Wohlbefinden mit inneren und äußeren Anwendungen nicht zu schätzen wissen. Ich hoffe, ich kann das ändern und Sie werden, nachdem Sie dieses Kapitel gelesen haben, zu einem Gurkenfan werden. Dieses einfache Gemüse ist eine Quelle wertvoller Mineralien und Spurenelemente sowie eines hohen Gehalts an Vitamin K.

Die zu den Fruchtgemüse zählende Gurke wurde circa 1500 vor Christus kultiviert, botanisch heißt sie Cucumis sativus und zählt wie Wassermelone und Zucchini zu den Kürbisgewächsen. Ihren Ursprung hat sie in Vorderindien, dem Himalaja und Afrika. Gurke ist aber nicht gleich Gurke, die Früchte unterscheiden sich in Form und Farbe. Gurken werden 10 bis 60 cm lang, die Formen könnte man mit länglich bis schmal-eiförmig mit unterschiedlich starker Krümmung beschreiben. Markant sind auch die vielen Unterschiede der Schalen – von glänzend glatt bis rau, pickelig bis stielrund oder sechskantig dunkel bis hellgrün und gelb. So viele unterschiedliche Formen, Farben, Größen und Haptiken es gibt, so viele unterschiedliche Sorten gibt es auch. Da wären die Walzengurke, die Netzgurke, die Bittergurke, die Schlangengurke, die Olivengurke, die Zitronengurke und die Gartengurke. Hierzulande sind in erster Linie die lange, schlanke Salatgurke geläufig, die meist als Rohkost oder Salat verzehrt wird, und die kurze Garten- oder Einlegegurke, die man als Gewürz-, Senf- oder Delikatessgurken kennt.

Inhaltsstoffe und Nutzen

Nun zu den inneren Werten der Gurkenfrucht, die mindestens so umfangreich wie die äußeren sind. Sie besteht bis zu 97 % aus Wasser und ist besonders kalorienarm; sie enthält nur rund zwölf Kilokalorien pro 100 g. Besonders im Sommer sind Gurken durch den hohen Wassergehalt ein perfekter Durstlöscher und normalisieren zudem den Wasser-Salz-Haushalt. Neben Vitamin K sind auch die B-Vitamine erwähnenswert sowie der hohe Anteil an den Mineralstoffen und Spurenelementen Kalzium, Zink, Eisen, Jod, Magnesium, Kalium und Phosphor. Da diese wertvollen Stoffe in der Schale stecken, sollten

Gurken sind nicht nur eine gute Wahl bei Darmproblemen, äußerlich aufgetragen sorgen sie auch für ein schönes Hautbild, lindern Augenschwellungen und helfen bei Sonnenbrand.

Gurken nicht geschält werden. Deshalb sollte man zu Bio-Gurken greifen. Ballast- und Bitterstoffe sitzen hauptsächlich in den Enden, die meist abgeschnitten werden. Die Ballaststoffe wirken sich allerdings positiv auf die Darmfunktion aus und helfen dem Körper, sich von überschüssigem Cholesterin zu reinigen. Dies beeinflusst die Ausscheidung von Abfallprodukten und hilft, das Gewicht zu reduzieren. Das enthaltene leicht verdauliche Jod trägt zur normalen Sekretion der Schilddrüse bei. Vitamine der Gruppen C und B sind wichtig für die Aufrechterhaltung des Immunsystems, B-Vitamine sind zudem stärkend für das Nervenkostüm und das Gedächtnis. Vitamin K ist wichtig für den Stoffwechsel der Knochen und die Blutgerinnung. Die Spurenelemente Eisen, Natrium, Magnesium, Zink und Phosphor wirken wohltuend auf alle Organsysteme.

Ein natürlicher Schlankmacher

Gurken gelten schon sehr lange auch als Schlankmacher – denn sie entwässern, entschlacken und trotz der wenigen Kilokalorien sättigen. Gurken sind harnsäurelösend und wassertreibend. In der Volksmedizin werden sie deshalb bei Gicht und Blasenbeschwerden eingesetzt. Ein weiterer Vorteil der Gurke ist, dass sie Magensäure reduzieren und Säuren im Körper abpuffern kann. Sie kann sogar Mundgeruch bekämpfen, die enthaltenen Enzyme können geruchsbildende Bakterien abtöten. Die enthaltenen Bitterstoffe stimulieren die Speichelproduktion und regen den Verdauungsprozess an. Der hohe Wasseranteil und der natürliche Mix aus Mineralstoffen und Vitaminen kann zudem Kopfschmerzen vertreiben. Außerdem haben Studien gezeigt, dass Gurken zu einer normalen Aufnahme von Proteinen beitragen.

Die Gurke wird auch in der Kosmetik verwendet: Als Maske versorgen Schale und Scheiben trockene Haut mit Feuchtigkeit. Bei Schwellungen oder Sonnenbrand kann die Gurke lindern. Der Bitterstoff Cucurbitacin wirkt auf die Haut zudem erfrischend und zusammenziehend.

Tipps zum Einkauf und zur Lagerung

Ab April und Mai bekommt man die ersten Freilandgurken auf dem Markt. Kaufen Sie nur Bio-Gurken, denn die Schale soll wegen der enthaltenen Nährstoffe mitgegessen werden. Beim Kauf sollte die Schale prall sein und die Enden müssen ganz fest sein. Die Gurke mag es kühl, aber nicht zu kalt, ein Kühlschrank ist meistens nicht der beste Platz, in der Kälte wird sie schnell weich und gibt Wasser ab, sie eignet sich aus diesen Gründen auch nicht zum Einfrieren. Die gute alte Vorratskammer mit circa 15 °C wäre ideal zur Lagerung, so bleibt die Gurke lange saftig prall. Bei der Lagerung sollte wie bei vielen anderen Gemüsen und Obst darauf geachtet werden, sie nicht neben Tomaten oder Äpfeln zu lagern, denn hier wird das Reifegas Ethylen verströmt.

Gurken-Erdbeer-Salat mit Dill und Basilikum

Dieser Salat macht nicht nur gute Laune beim Zubereiten, Anschauen und Essen, auch die enthaltenen Kräuter tun das Ihre. Dill enthält Tyrosin, das die Bildung vom „Glückshormon" Dopamin anregt. Basilikum hilft gegen Traurigkeit und Gefühle der Leere und Antriebslosigkeit.

Zubereitungszeit: ca. 15 Min.
Für 2 Personen

Zutaten:

2 Freilandgurken
400 g Erdbeeren
8 Stängel Dill
2 EL Sonnenblumenkerne
6 Stängel Basilikum
1 Pellkartoffel vom Vortag (ersatzweise ½ Avocado)
abgeriebene Schale und Saft von ½ Bio-Zitrone
2 EL naturtrüber Bio-Apfelsaft
2 EL Kürbiskernöl
30 ml Hafersahne
Steinsalz
Pfeffer aus der Mühle
3–4 EL Gartenbrunnenkresse

Basilikum hat noch mehr Vorteile. Es erhöht unseren Energielevel und hilft so zu regenerieren. Müdigkeit und Erschöpfung werden dadurch gelindert. Es ist auch als Aphrodisiakum bekannt und hat eine positive Wirkung auf die Libido. Es enthält viele Antioxidanzien und Betacarotin und wirkt gegen innere Unruhe.

Zubereitung:

1. Gurken und Erdbeeren putzen, waschen und in Würfel schneiden. Den Dill waschen, trocken schütteln und fein hacken. Alles miteinander mischen.

2. Die Sonnenblumenkerne in einer Pfanne ohne Fett anrösten. Das Basilikum waschen, trocken schütteln und abzupfen. Die Kartoffel pellen und in Würfel schneiden (oder die Avocado schälen und in Würfel schneiden).

3. Basilikum, Kartoffel oder Avocado, Zitronensaft, Apfelsaft, Kürbiskernöl und Hafersahne in den Mixer geben, cremig mixen und mit Salz und Pfeffer würzen. Das Dressing mit den vorbereiteten Salatzutaten mischen. Mit Zitronenschale, Gartenkresse oder Basilikum und Sonnenblumenkernen bestreuen.

Gurkensaft

Von Zeit zu Zeit mache ich eine Gurkensaftkur. Frischer Fruchtsaft ist sehr wirksam zur Entgiftung der Leber, der Gallenblase und auch der Prostata. Der frische Saft hat eine harntreibende Wirkung und hilft bei der Ausscheidung von „Grieß" aus den Nieren. Ich versuche viermal im Jahr eine Woche lang eine Gurkensaftkur zu machen. Dazu trinke ich täglich für sieben Tage auf nüchternen Magen ein Glas mit 150 ml frischem Saft. Bei einer Saftkur sollte man aber auch bedenken, dass frische Gurken eine abführende Wirkung haben.

Für 1 Glas (ca. 200 ml)

Zutaten:

1 Gartengurke
1 Apfel

Zubereitung:

Gurke und Apfel waschen, Apfel halbieren und den holzigen Stiel des Apfels entfernen. Beides entsaften.

Tipp: Finden Sie Ihre Lieblingsgurke heraus – die Geschmäcker sind verschieden und die Gurken auch. Manche sind süßer, manche saurer und manche sind bitterer.

Gurkensaft ist auch ein bekanntes Mittel zum Abnehmen, als Diätprodukt kann er die Gewichtsabnahme fördern, indem der Saft den Appetit kontrolliert, den Hunger unterdrückt und die Aufnahme von Nahrung verbessert.

Gurken einmachen

Der Spruch „Jetzt beginnt die Saure-Gurken-Zeit" ist darauf zurückzuführen, dass die Menschen am Ende eines langen Winters oft nur noch saure Gurken als Vorrat hatten. Dass manche Frauen in der Schwangerschaft Heißhunger auf saure Gurken haben, könnte daran liegen, dass Gurken einen hohen Anteil an Natrium und Eisen haben und der Körper genau das braucht.

Zubereitungszeit: ca. 15 Min.
Für 6–8 Gläser

Zutaten:

3,5–4 kg Gartengurken (mit dicker, stacheliger Schale)
1 l Weißweinessig
1 EL Senfkörner
3 TL Steinsalz
½ TL Pfefferkörner (nach Belieben)
550 g Rohrohrzucker oder 400 g Erythrit
5–6 Zwiebeln
Stängel von Dill oder Koriander

Zubereitung:

1. Die Gurken waschen, längs vierteln, wer mag, kann sie entkernen, ich lasse die Kerne drin.
   1 l Wasser mit Essig, Senfkörnern, Salz, Pfeffer, Zucker oder Erythrit aufkochen und 3 Minuten kochen lassen, bis sich der Zucker aufgelöst hat.

2. Die Gurken ca. 1 Minute in dem Wasser-Essig-Sud kochen. Die Zwiebeln schälen und in Ringe teilen. Mit den gewünschten Kräutern in sterilisierte Gläser (siehe Tipp) verteilen, die Gurken dazugeben und mit der heißen Flüssigkeit bis zum Rand auffüllen. Die Gläser mit dem Deckel verschließen und auf den Kopf stellen, dabei mit einem Küchentuch anfassen, die Gläser sind heiß. Die Gurken mindestens 4 Wochen ziehen lassen, je länger sie ziehen, desto aromatischer werden sie.

Varianten:

- Die Gurken in Stücke schneiden.
- Die Gurken schälen und mit Lorbeerblättern einlegen.

Tipp: Die Gläser sollten vor der Verwendung sterilisiert werden, damit sie keimfrei sind und das Einlegegut nicht schimmelt. Dafür die Gläser samt Deckel mit kochendem Wasser übergießen oder in einen Topf mit kochendem Wasser legen und einige Minuten ziehen und dann abtropfen lassen.

KAKAO

Wer Lust auf gute Nachrichten hat, der ist hier genau richtig! Ja, es scheint wahr zu sein, was der Volksmund sagt: Schokolade macht glücklich. Aber warum ist das so?

Wobei ich bei dieser positiv stimmenden Überschrift gleich hinzufügen möchte: Kakao ist nicht gleich Schokolade und Schokolade ist nicht gleich Schokolade. Von der Kakaobohne bis zur Schokolade kann der Weg der Verarbeitung und Zusammensetzung sehr unterschiedlich sein. Es gibt Unterschiede bei der Verarbeitung, bei den Inhaltsstoffen, dem Geschmack und der Farbe, und zwar Unterschiede wie Tag und Nacht. Weshalb der Vergleich mit Tag und Nacht? Von hell nach dunkel geordnet gibt es weiße Schokolade, Vollmilch-, Zartbitter-, Edelbitter- und Bitterschokolade. Weiße Schokolade enthält keine Kakaomasse, sondern Fett und viel Zucker, diese ungesunde Süßigkeit wird hier also nicht besprochen. Merke: Je höher der Kakaoanteil bei dunkler Schokolade ist, desto weniger Zucker hat er. Je heller die Schokolade, desto höher auch ihr Zuckergehalt.

Ist Schokolade gleich Kakao?

Schokolade besteht in der Regel aus Kakaomasse, Kakaobutter (beides wird aus Kakaobohnen gewonnen) und Süßung. Es gibt aber auch andere Zusammensetzungen mit minderwertigen Fetten und Zucker/Süßungsmitteln. Als Süßigkeit gilt sie als Dickmacher. In der Lebensmittelpyramide der Deutschen Gesellschaft für Ernährung (DGE) stehen Schokolade und Süßes an der Spitze mit der Empfehlung, nur kleine Mengen zu vernaschen. Genau deshalb widmen wir uns in diesem Kapitel dem Kakao und nicht der industriell gefertigten Tafel Schokolade oder dem Schokopulver mit Milchpulver und Zucker versetzt. Wir gönnen uns das Rohmaterial, und zwar hochprozentig, denn schließlich geht es hier um unsere Glückseligkeit.

Anfangen möchte ich mit der Urform der Schokolade, dem Kakao. Je nachdem, wie hoch der echte Kakaoanteil in einer Schokolade ist, schmeckt sie kräftig, herb oder, wenn es schlecht läuft, fettig süß. Der Unterschied liegt aber nicht nur im Geschmack, sondern in der Qualität der Nährstoffdichte. Purer Kakao ist noch nicht so stark industriell verarbeitet wie Schokolade, Schokoriegel, Pralinen und so weiter, deshalb ist hier der Anteil an Antioxidantien auch noch sehr groß. Enthalten sind Polyphenole, Flavanole, einzigartig ist hier das Polyphenol Epicatechin, dieser Gerbstoff hat eine besonders positive Eigenschaft zum Schutz unserer Zellen. Der wohl bekannteste im Kakao enthaltene Inhaltsstoff ist die „Gute Laune"-Aminosäure Tryptophan. Sie wird für den Aufbau vieler menschlicher Proteine benötigt, für unsere Muskulatur und auch für die Bildung unterschiedlichster Enzyme. Außerdem enthalten sind beträchtliche Mengen an Mikronährstoffen wie Magnesium, Kalium, Chrom, Eisen und Vitamin E. Je höher also der Kakaoanteil

Kakao ist reich an der Aminosäure Tryptophan, die stimmungsaufhellend und beruhigend wirkt.

in einer Nascherei ist, desto besser ist es für unsere Stimmung und unser Wohlbefinden. Darüber hinaus enthält Kakao Mineralstoffe und jede Menge B-Vitamine, wie auch das Niacin, das am Energiestoffwechsel beteiligt ist.

Glücksbringer und Muntermacher

Als Muntermacher – ähnlich wie Koffein – gilt der Inhaltsstoff Theobromin in Kakaobohnen, ein Alkaloid, das eine stimulierende Wirkung auf das Nervensystem hat. Das in Bitterschokolade enthaltene Eiweiß Tryptophan senkt unseren Stresspegel und wird vom Körper in das Glückshormon Serotonin umgewandelt, damit wird Einfluss auf unsere Stimmung, Leistungsfähigkeit und unser Wohlbefinden genommen. Es ist, so wird vermutet, nicht die Schokolade, sondern der Kakao in ihr, der uns froh und munter sein lässt. Hier spricht man auch von psychoaktiven Substanzen, z. B. dem Phenylethylamin (kurz PEA), ein Hirnbotenstoff, der euphorische Gefühle auslösen kann. PEA ist ein natürlich im Körper vorkommendes Alkaloid, das als Neurotransmitter agiert. Der Körper kann es selbst produzieren, und das auch noch in hohen Mengen. Die nicht ganz so gute Nachricht daran ist, wir können die Eigenproduktion nicht beliebig abrufen, denn es wird bei den chemischen Vorgängen des Verliebtseins oder Runner's High (Hochgefühl bei Ausdauersportarten) in unserem Körper produziert.

Bitte nur bitter

Bitterschokoladen ab einem Kakaogehalt von mindestens 60 % enthalten in der Regel keine Milch und sind somit „automatisch“ vegan. Klarheit bringt das Etikett: Steht auf der Zutatenliste „Butterreinfett“, ist die Schokolade nicht vegan. Der Grund dafür, dass dunkle, also Bitterschokolade gesünder ist als helle, sind der höhere Kakaoanteil und die im Kakao enthaltenen Antioxidantien, die die Widerstandsfähigkeit der Körperzellen verbessern. Mischt man der Schokolade aber Milchprodukte unter, so wird die Wirkung der Antioxidantien reduziert. Gleiches gilt übrigens, wenn wir Bitterschokolade essen und dazu Milch trinken. Der gewinnbringende Effekt ist damit gleich null! Aber genau diese im Kakao enthaltenen Antioxidantien wirken chronischen Entzündungsprozessen im Körper entgegen, die eine Rolle für unser Wohlbefinden spielen. Studien zeigten übrigens, dass Personen, die dunkle Schokolade mindestens einmal innerhalb von 48 Stunden essen, im Vergleich zu Personen, die angaben, überhaupt keine Schokolade zu essen, eine um 70 % geringere Wahrscheinlichkeit für depressive Verstimmungen aufweisen. Beim Einkauf achte ich auf bio und Fairtrade, auf der Packung sollten Bohnenart und Herkunft benannt sein.

Gut zu wissen!

Kakao: Darunter versteht man zumeist die fermentierten Kakaofrüchte.

Kakaobohne: geschält, in kleine Stücke gebrochen und getrocknet, werden daraus Kakao-Nibs. Sie sind ein genialer Push-up-Snack, außen crunchy, innen zart. Wenn ich einen kleinen Kick brauche, mich eine Heißhungerattacke heimsucht oder ich mich besonders konzentrieren muss, dann nasche ich 1 bis 2 Kakao-Nibs.

Kakaopulver: bezeichnet man durch Pulverisieren von teilweise entfetteter Kakaomasse gewonnene Erzeugnisse. Dazu gehört nur Kakaopulver ohne Zusatz von Zucker oder anderen Süßungsmitteln. Der Fettgehalt von stark entöltem Kakao liegt bei 12 %, von schwach entöltem bei 20 bis 24,5 %. Je höher der Fettanteil, desto besser der Geschmack.

Kakaobutter: Unser Körper braucht essenzielle, also lebensnotwendige Fette. Kakaobutter ist so ein essenzielles Fett, das ungesättigte Fettsäuren enthält. Sie schmilzt bei 28 °C – darauf sollte geachtet werden bei der Verarbeitung, damit die kostbaren Nährstoffe enthalten bleiben.

Schokokuchen

Ein einfacher fruchtiger Kuchen, der schnell zusammengerührt ist. Der Kuchen ist sehr reichhaltig, deshalb am besten nach dem Backen in kleine Stücke schneiden.

Zubereitungszeit: ca. 50 Min.
Für 12 Stücke

Zutaten:

1 Apfel
½ Bio-Zitrone
160 g Kokosmehl
140 g Kakaopulver
125 g Rohrohzucker oder Erythrit
400 ml Apfelsaft
1 TL Johannisbrotkernmehl
1½ TL Weinsteinpulver (Backpulver)
2 TL Kokosfett
20–30 ml Ahornsirup (nach Belieben)

Zubereitung:

1. Den Apfel waschen und mit der Schale reiben. Die Zitronenschale abreiben und den Saft auspressen.

2. Apfel, Zitronensaft und -schale, Kokosmehl, Kakaopulver, Zucker oder Erythrit, Apfelsaft, 100 ml Wasser, Johannisbrotkernmehl, Backpulver und Kokosfett und nach Belieben Ahornsirup in der Küchenmaschine zu einem cremigen Teig verrühren.

3. Eine Springform (20 cm Durchmesser) einfetten und den Backofen auf 180–200 °C (Umluft) vorheizen. Den Kuchen in die Form füllen und ca. 40 Minuten im heißen Ofen backen.

Kokosriegel

In diesen Riegeln stecken alle Vorzüge der Schokolade kombiniert mit dem Besten der Kokosnuss. Dieses Rezept ist zwar sehr einfach, aber das Ergebnis macht einfach nur glücklich.

Zubereitungszeit: ca. 45 Min.
Für ca. 15 Stück

Zutaten:

100 g Kokosmilch (fester Anteil oder Kokoscreme)
100 g Kokosraspel
25 g Kokosöl
25 g Kokosmus
2–3 EL Kokosblütenzucker oder Erythrit
1–2 vegane Tafeln Bitterschokolade (mit 90 % Kakaoanteil)

Tipp: Bei Kokosmilch gibt es sehr große Unterschiede! Bitte entscheiden Sie sich für eine Qualität, die nicht nur aus verwässerter Flüssigkeit besteht, sondern einen großen Anteil an festen Bestandteilen hat. Kokosmilch enthält viele Omega-3-Fettsäuren, deren Wichtigkeit für die Ernährung, vor allem bei Depressionen, immer wieder betont wird.

Kokosmus ist das vermahlene Fruchtfleisch der Kokosnuss. Es wird aus frischem Kokosnussfleisch gepresst und ist ein sehr gutes Äquivalent zu anderen Nussmusen.

Zubereitung:

1. Die Kokosmilch mit den Kokosraspeln in eine Schüssel geben. Das Koksöl dazugeben, falls es zu fest ist, schonend erwärmen, bis es sich gut verarbeiten lässt. Kokosmus und Zucker hinzufügen.

2. Alles gut vermischen, zuerst mit einem Löffel und einer Gabel, dann mit den Händen verkneten. Der Teig sollte weich sein, aber fest genug, um sich gut formen zu lassen. Aus dem Teig längliche oder kurze Riegel formen und ca. 20 bis 30 Minuten kalt stellen.

3. Für den Schokoladenüberzug die Schokolade im Wasserbad schmelzen. Die Kokosriegel mit einer Gabel oder einer speziellen Pralinengabel in die geschmolzene Schokolade tauchen und auf einem Pralinengitter oder Backpapier abtropfen und abkühlen lassen.

Echte Schokolade

Davon braucht man nur ein Stück fürs Glück. Schokolade selber zu machen geht ganz einfach und beim Topping kann man seiner Kreativität freien Lauf lassen.

Zubereitungszeit: ca. 1 Std.
Für ca. 150 g

Zutaten:
100 g Kakaobutter
50 g Cashew-Nussmus oder anderes Nussmus
30–40 g Kakaopulver
30 g Agavendicksaft oder Erythrit
½ TL Kardamompulver
Mark von 1 Vanilleschote

Toppings:
Mandeln
Kokosflocken
getrocknete essbare Blüten

Zubereitung:

1. Die Kakaobutter bei schwacher Hitze im Wasserbad langsam schmelzen. Vom Herd nehmen und nach und nach Nussmus, Kakaopulver, Dicksaft oder Erythrit, Kardamompulver und Vanillemark dazugeben und mit dem Schneebesen gut verrühren, bis sich eine cremige Schokoladenmasse ergeben hat.

2. Die Schokoladencreme in flache Silikonformen füllen oder auf Backpapier verteilen und glatt streichen. Mit den gewünschten Toppings nach Belieben dekorieren. Ca. 45 Minuten in den Kühlschrank stellen. Die Schokoladentafeln sollten kühl aufbewahrt werden.

Tipp: Wer mit Erythrit süßt, erhält einen Extra-Crunch in der Schokolade.

Quitte

Eine Frucht, die uns der Himmel schickte, die aber vor lauter Überfluss an Angeboten in Vergessenheit geraten ist. Dabei hat die Quitte schon eine sehr lange Tradition, und zwar sowohl was den Geschmack als auch was den Gesundheitsaspekt betrifft.

Verwandt mit Apfel und Birne gehört sie zu den Kernobstarten aus der Familie der Rosengewächse, botanisch Cydonia oblonga genannt. Oft wird angenommen, sie sei eine Kreuzung aus Apfel und Birne, dem ist aber nicht so. Wer denkt, man kann einfach so in eine Quitte beißen wie in einen Apfel oder eine Birne, der wird enttäuscht sein, denn die Schale ist pelzig, hart und bitter. Und das ist wahrscheinlich auch der Grund, warum die einst sehr begehrte Frucht von unseren Speiseplänen verschwunden ist. Die Verarbeitung nach traditionellen Rezepten ist meistens sehr aufwendig. Deshalb und weil ich Quitten, ihren Geschmack, ihren Geruch und ihre Inhaltsstoffe liebe, bin ich seit Jahren auf der Suche nach schnellen und unkomplizierten Verarbeitungsmethoden. Der Flaumbelag auf der Schale der Quitten muss vor der Verarbeitung mit einem Tuch abgewischt werden. Genau diese flaumige Hülle hat der Frucht den Namen „Wollapfel" eingebracht.

Nährstoffreiche Frucht mit Tradition

Ursprünglich stammt die Quitte aus dem östlichen Kaukasus. Schon seit etwa 4000 Jahren kultivieren dort die Menschen den Obstbaum. Hauptproduzenten heute sind Länder Asiens und Europas. Im antiken Griechenland wurde die Quitte erstmals um 600 v. Chr. beschrieben. Sie war ein Symbol für Glück, Liebe und Fruchtbarkeit. Laut Hildegard von Bingen soll die Quitte wegen ihrer heilenden Wirkung vor allem von Gichtkranken oft gekocht oder gebraten gegessen werden. Auch Hippokrates, der berühmteste Arzt des Altertums, hat die Quitte bei Magen-Darm-Problemen und Fieber verschrieben. Bis heute findet die Quitte in der Volksheilkunde, beispielsweise in Südosteuropa und in Ländern wie China, Indien, Mexiko und Chile, noch Anwendung. Ihre herausragenden Inhaltsstoffe sind Vitamin C und Kalium. Quitten enthalten Vitamin E, B_1 und B_6

Quercetin und Pektin heißen die Radikalfänger, die in Quitten in hohem Maß enthalten sind. Der Ballaststoff Pektin wirkt dazu noch cholesterin- und blutdrucksenkend.

sowie Magnesium und Kupfer, Natrium, Zink, Eisen, Mangan und Fluor, Gerbstoffe, organische Säuren und Schleimstoffe. Besonders die Schleimstoffe wie Pektin sind hervorzuheben, da sie die Fähigkeit besitzen, zu gelieren und dadurch große Mengen Wasser zu binden. Quitten steigern somit das Darmvolumen, bringen die Verdauung in Schwung und regulieren den Stuhlgang. So können auch im Darm unerwünschte Stoffe wie z. B. Schwermetalle gebunden werden, deshalb wird Quitten nachgesagt, den Organismus bei der Entgiftung zu unterstützen, worauf auch Hildegard von Bingen schon gesetzt hat. Pektin wirkt präbiotisch, also positiv auf die Darmflora.

Das Gute steckt in der Schale

Ein weiterer zu erwähnender Inhaltsstoff ist ein Antioxidans, das Quercetin aus der Gruppe der Flavonoide. Es ist in Fachkreisen schon zum König der Flavonoide gekürt worden. Quercetin befindet sich in hoher Konsistenz in der Schale der Quitte und sorgt für die leuchtend gelbe Farbe. Es gibt bereits einige Studien dazu, dass Quercetin gegen Allergien und Entzündungen im Körper wirkt und das Wachstum des Bakteriums Helicobacter pylori, das für Magenschleimhautentzündungen verantwortlich ist, hemmt. Womit sich der Kreislauf von gesund in Magen und Darm und stabil in der Stimmung und Psyche wieder schließen könnte. Weitere Studien haben ergeben, dass die Quitte hochgradig antioxidativ, antientzündlich, antibakteriell und antiviral wirkt, zudem hustenlindernd und entwässernd ist sowie die Leber schützt, den Cholesterinwert senkt und antidepressive Reize unterstützt. Die Quitte zeigt einmal mehr, dass die besten Inhaltsstoffe in der Schale sitzen. Wenn Quitten auch nicht roh verzehrt werden können, sollte die Schale beim Zubereiten doch immer dranbleiben.

Leuchtend gelbes Herbstobst

Weil Quitten von unserem Speiseplan fast verschwunden sind, gibt es sie auch nicht in jedem Supermarkt zu kaufen. Hier zählen wie immer Angebot und Nachfrage, und wenn wir häufig genug nachfragen, dann gibt es sicher auch wieder ein Angebot. Wer keinen eigenen Garten und auch keinen Quittenbaum darin hat, kann Quitten mittlerweile auch im Internet bestellen, das ist kein Problem, denn Quitten sind nicht empfindlich und halten lange. Auf Gemüsemärkten oder auch in landwirtschaftlichen Kooperativen gibt es sie bestimmt ebenfalls während der Saison zu kaufen. Es lohnt sich auf jeden Fall, der Quitte ein Revival zu ermöglichen. Saison zum Ernten ist von September bis Mitte Oktober. Dann sollten die harten Früchtchen verarbeitet werden, denn zum Rohverzehr sind sie nicht geeignet. Werden Quitten in einem dunklen, kühlen Raum gelagert, halten sie bis zu zwei Monate. Übrigens: Die Kerne der Quitte enthalten Blausäure, sie sollten nicht zerkleinert oder gegessen werden.

Quittenkompott

Einfach, aber mit viel Geschmack. Das Kompott passt zu Eiscreme und Kuchen, ist aber auch pur gegessen ein Genuss.

Tipp: Die Menge des Zuckers hängt davon ab, wie süß die Früchte sind und wie süß das Kompott werden soll.

Zubereitungszeit: ca. 50 Min.
Für 4 Gläser à 500 ml

Zutaten:

2 kg Quitten
200 g Erythrit
300 g Rohrohrzucker

Zubereitung:

1. Den Backofen auf 180 °C vorheizen. Ein tiefes Backblech mit Wasser füllen (ca. 1 cm hoch).

2. Den Flaum der Quitten mit einem Küchentuch gut abreiben, die Quitten vierteln und das Kerngehäuse entfernen. In Spalten schneiden. 2 l Wasser in einem Topf mit dem Zucker aufkochen, bis sich der Zucker komplett aufgelöst hat.

3. Die Gläser sterilisieren, das Obst hineingeben und mit dem heißen Zuckerwasser übergießen. Achtung: Die Gläser nicht bis zum Rand auffüllen, denn durch die Hitze muss das Wasser etwas Platz haben, sich auszuweiten. Die Gläser zuschrauben und in den heißen Ofen auf das Backblech stellen, die Gläser dürfen sich nicht berühren. Das Kompott mindestens 20 bis 30 Minuten im Ofen ziehen lassen. Die Einkochzeit beginnt, sobald Luftbläschen in der Flüssigkeit am Glasrand aufsteigen. Wer ganz sichergehen will und sein Kompott sehr lange haltbar machen möchte, der kann den Vorgang wiederholen.

Quittenbrot

Zubereitungszeit: ca. 1 Std.
plus ca. 10 Std. Trockenzeit
Für 4 Gläser à 500 ml

Tipp: Als Zuckervariante kann auch 150 g Xylit verwendet werden. Erythrit als Zuckerersatz ist nicht empfehlenswert, es kristallisiert zu sehr.

Zutaten:

1 kg Quitten
Saft von 1 Zitrone
330 g Gelierzucker 3:1 (vegan)
1 EL Pflanzenöl

Zubereitung:

1. Den Flaum der Quitten mit einem Küchentuch gut abreiben. Die Quitten vierteln und das Kerngehäuse entfernen, die Stücke in einen Topf geben und mit Wasser und Zitronensaft aufgießen, bis die Früchte knapp mit Wasser bedeckt sind. Aufkochen und 45 Minuten leicht köcheln lassen. Abgedeckt mit der Flüssigkeit 12 bis 24 Stunden stehen lassen, dadurch wird der Geschmack noch intensiver.

2. Wer nicht warten möchte, kann aber auch gleich die Früchte in ein Sieb geben und den Saft auffangen. Wichtig ist, dabei die Früchte nicht zu zerdrücken. Den Saft beiseitestellen und gut aufbewahren, daraus wird Quittengelee gemacht.

3. Die abgetropften Früchte zurück in den Topf geben und mit dem Stabmixer pürieren, dabei den Zucker unterrühren. Die Quitten vorsichtig erhitzen und unter ständigem Rühren einige Minuten aufkochen, bis der Brei die richtige Konsistenz hat. Test: Wenn Sie mit einem Löffel durch die Masse eine Spur ziehen können, dann ist sie fertig.

4. Ein Backblech mit Öl einfetten. Die Fruchtmasse auf das Blech geben und ca. 1 cm hoch glatt streichen. Den Backofen auf 80 °C (Umluft) vorheizen. Das Quittenmus 30 Minuten bei leicht geöffneter Backofentür, damit Feuchtigkeit entweichen kann, trocknen. Mit geschlossener Tür noch 8 bis 10 Stunden im Ofen trocknen.

5. Alternativ kann das Backblech in einem warmen Raum stehen bleiben und das Fruchtmus so für ein paar Tage trocknen. Zwischendurch die Quittenplatte vom Backblech abheben und umdrehen, damit die andere Seite auch trocken kann. Oder die Fruchtmasse im Dörrautomaten trocknen. Wenn die Fruchtmasse fertig getrocknet ist, kann sie in die unterschiedlichsten Formen geschnitten werden.

Quittenmarmelade

Zubereitungszeit: ca. 1 Std.
Für 3 Gläser à 200 ml

Zutaten:
1 kg Quitten
firsch gepresster Saft von 1 Zitrone
330 g Gelierzucker 3:1 (vegan)

Zubereitung:

1. Den Flaum der Quitten mit einem Küchentuch gut abreiben. Die Quitten vierteln und das Kerngehäuse entfernen. Quittenstücke in einen Topf geben und mit Wasser und Zitronensaft aufgießen, bis die Früchte knapp mit Wasser bedeckt sind. Aufkochen und 45 Minuten leicht köcheln lassen. Die Quitten können abgedeckt mit der Flüssigkeit 12 bis 24 Stunden stehen gelassen werden, dadurch wird der Geschmack noch intensiver.

2. Wer nicht warten möchte, kann aber auch gleich die Früchte in ein Sieb geben und den Saft auffangen. Wichtig ist, dabei die Früchte nicht zu zerdrücken. Den Saft beiseitestellen und gut aufbewahren, daraus wird Quittengelee gemacht.

3. Die abgetropften Früchte zurück in den Topf geben und mit dem Stabmixer pürieren, dabei den Zucker unterrühren. Die Früchte unter ständigem Rühren aufkochen. Die Marmelade in sterilisierte Gläser füllen und verschließen.

Quittengelee

Zutaten:
ca. 250 ml Quittensaft (siehe Quittenmarmelade oder -brot)
Gelierzucker 3:1 (vegan)

Zubereitung:

1. Den beseitegestellten Saft im Verhältnis 3:1 (3 Teile Saft, 1 Teil Gelierzucker) mit dem Gelierzucker vermischen. 4 Minuten aufkochen.

2. Eine Gelierprobe machen, dazu einige Tropfen des Gelees aus dem Topf mit einem Löffel auf einen kalten Teller geben. Wenn die Tropfen fest werden, ist der Gelierprozess abgeschlossen und das Gelee kann in ein sterilisiertes Glas abgefüllt werden.

Quittensaft

Wer aus dem Saft kein Quittengelee macht, kann den abgegossenen Quittensaft natürlich auch pur oder mit etwas Wasser verdünnt trinken. Einen besseren Fruchtsaft gibt es nicht!

Kulinarisch gesehen sind Gewürze geschätzte Küchenhelfer, sie bringen Geschmack in unser Essen. Auf emotionaler Ebene haben sie aber noch viel mehr zu bieten, durch ihre Farben und Düfte beleben sie unsere Sinne.

Sie stimulieren uns und werden sogar teilweise als Aphrodisiaka und Wunderheilmittel beschrieben. Für mich sind Gewürze aber nicht nur das i-Tüpfelchen beim Kochen, sondern die Inspiration. Sie machen mich fröhlich und gut gelaunt. Sie können aber noch mehr, der Gesundheitsaspekt bei Gewürzen ist nicht zu verachten. Sie wirken z. B. entzündungshemmend, beruhigend, aber auch antiviral, antibakteriell und pilzbekämpfend oder auch unterstützend für die Fettverbrennung und sie können unseren Stoffwechsel ankurbeln. Mit Gewürzen verfeinern wir also nicht nur unsere Mahlzeiten, sondern können Krankheiten lindern oder vorbeugen und z. B. die Verdauung fördern. Ich verwende letztendlich nur wenige Gewürze, diese dann aber intensiv.
Hier stelle ich meine bevorzugten Gewürze vor sowie Rezepte für eine herzhafte und eine milde Gewürzmischung und einen Gewürztee.

Sumach

Im Orient ist der fruchtig-säuerliche Sumach in jeder Küche zu finden, bei uns ist er noch nicht wirklich bekannt. Das Gewürz soll allerdings echte Wunderkräfte haben. Sumach enthält einen hohen Anteil an Vitamin C und Antioxidantien und neutralisiert freie Radikale, so wird unser Immunsystem gestärkt. Bei regelmäßigem Verzehr schützt er Herz und Kreislauf, kann den Alterungsprozess verlangsamen und unterstützt die Verdauung.

Sumach ist eine gute Alternative zu Zitronensaft und Essig, weil er eine feine fruchtige Säure mitbringt. Meiner Meinung nach passt Sumach zu fast allen Gerichten, Eintöpfen, Suppen, Salaten, Saucen, Dressings, Dips, Ofen- und Schmorgerichten.
Der Sumach- oder Essigbaum (Rhus coriaria) wächst als Strauch oder kleiner Baum, ist eine Pflanzenart der Sumachgewächse. Der Essigbaum kommt wild in Südeuropa, Algerien, Westasien, Zentralasien und auf den Kanaren vor. Das Fruchtfleisch der roten Steinfrüchte des Färberbaums wird getrocknet und zu Gewürz gemahlen.

Meine Gewürzmischung

4 TL Sumach
1 TL Kurkumapulver
2 TL Steinsalz
1 TL scharfes Chilipulver oder
2 TL edelsüßes Paprikapulver
2 TL Zwiebelpulver
1 TL Knoblauchpulver

Alles in einen Multizerkleinerer geben, fein vermahlen und dann in ein Schraubglas füllen. Die Gewürzmischung ist fein, aber intensiv, bitte an die Dosierung herantasten. Die Gewürzmischung ist vielfältig einsetzbar für alle Gerichte, schmeckt aber auch auf einer Scheibe Brot und kann beim Brotbacken mit in den Teig gegeben werden.

Kurkuma

Kurkuma ist eine Allzweckwaffe, einfach lecker und auch noch gesundheitsfördernd. Kurkuma wird auch Gelbwurz genannt, wirkt leistungsfördernd und kurbelt die Fettverbrennung an. Es gibt mittlerweile viele Studien, die die positiven Effekte auf den Magen-Darm-Trakt nachweisen. Darmträgheit oder ein Völlegefühl nach dem Essen können laut WHO (Weltgesundheitsorganisation) durch die tägliche Gabe von 3 g Kurkumapulver abgemildert oder vermieden werden. Denn das Gewürz regt die Verdauungssäfte an und beugt so Reizdarm mit Verstopfung vor.

Kardamom

In Indien wird er „König der Gewürze" genannt und als natürliches Heilmittel verabreicht. Kardamom regt unseren Stoffwechsel und Geist an. Kardamomsamen sind vor allem in der asiatischen und arabischen Küche beliebt, aber auch hierzulande kochen Feinschmecker gerne mit dem aromatischen Gewürz. Er ist eines der teuersten Gewürze der Welt, neben Safran und Vanille gehört Kardamom zu den edelsten Gewürzen. Mit seinem süß-würzigen Geschmack passt er sowohl zu Kuchenteig als auch zu Reisgerichten.

Die ätherischen Öle der Kardamomsamen beruhigen den gestressten Magen-Darm-Trakt, lindern Blähungen, lösen Krämpfe und regen die Verdauung an. Zudem wirkt Kardamom fördernd auf die Gallensaft- und Speichelproduktion. Dem Kaffee gibt er nicht nur eine besondere Note, sondern bewirkt auch, dass das Koffein besser verträglich wird. Kardamom ist auch als Pulver erhältlich.

Ceylon-Zimt

Zimt ist eines der ältesten Gewürze und wird aus der getrockneten Rinde des Zimtbaums gewonnen. Er fördert die Konzentration, stärkt die Gedächtnisleistung und kognitiven Entwicklungen. Zimt wirkt regulierend auf den Blutzuckerspiegel und kann ihn senken. Zimt ist ein Fatburner und auch für Diabetiker geeignet. Zudem fördert er den Appetit und regt die Darmtätigkeit an. Dadurch hilft Zimt, Völlegefühl und Blähungen vorzubeugen. Außerdem hat Zimt aufgrund des enthaltenen ätherischen Öls Eugenol eine desinfizierende Wirkung.

Gewürzmischung für Süßspeisen

2 TL Kardamompulver
1 TL Ceylon-Zimtpulver
½ TL Galgantpulver

Alles gut miteinander vermengen und in einen Salzstreuer füllen. Das mache ich so, weil ich diese Mischung immer für Porridge, Müsli, Teig, Kokosriegel, Schokolade und so sehr gut auch als Topping dosieren kann.

Chaitee – gute Laune aus der Tasse

Tee wird auf der ganzen Welt wegen seiner wohltuenden Wirkung getrunken. Dieser Tee ist zudem auch noch stimmungsaufhellend.

500 ml Hafermilch
4 TL grüner oder weißer Tee
2 EL Erythrit
8 grüne Kardamomkapseln
1 TL Zimtpulver
1 Prise frisch gemahlene Muskatnuss

1 l Wasser und Hafermilch erhitzen (nicht kochen). Tee, Erythrit, Kardamom und Zimt dazugeben und rund 30 Minuten ziehen lassen und absieben. In Indien wird der Tee oft auch mitsamt den Kardamomkapseln serviert. Nach eigenem Geschmack etwas frisch geriebene Muskatnuss obendrauf geben.

Chili

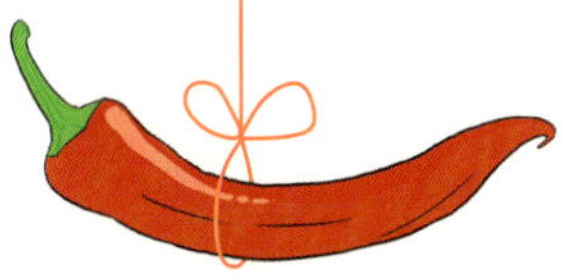

Chilischoten enthalten jede Menge Vitamine, Mineralien und Antioxidantien. Es gibt nicht viele Gemüsesorten, die eine so hohe Anzahl an pflanzlichen Verbindungen zur Verfügung stellen. Es sind Vitamine A, K, E und der B-Gruppe vorhanden, außerdem enthält eine Schote Mineralien wie Phosphor, Magnesium, Eisen, Zink und Kupfer. Diese Nährstoffverbindungen kurbeln unseren Stoffwechsel an und unterstützen Leber und Nieren.

Galgant

Von Ingwer und Kurkuma hat jeder schon gehört, bei Galgant sieht es etwas anders aus. Dabei ist Galgant eng verwandt mit Ingwer und Kurkuma und bringt jede Menge gesundheitliche Benefits mit sich. Diese Wurzel gehört für mich auf jeden Fall in mein Küchensortiment. Galgant regt die Gallensäfte und dadurch auch die Verdauung an, wodurch auch der Stoffwechsel angekurbelt wird.

Schon Hildegard von Bingen wusste um die heilende und wärmende Wirkung für den Körper. Galgant wird heute nicht nur als verdauungsförderndes Mittel eingesetzt, sondern auch bei Fieber und verringert Beschwerden bei Erkältungen. Ein Tee aus frischem Galgant z. B. wirkt antibakteriell, entzündungshemmend, fiebersenkend und schleimlösend.

Kreuzkümmel

Auch als Kumin oder Cumin bekannt, ist ein Schlankmachergewürz, denn es heizt den Stoffwechsel an, wirkt blutreinigend, unterstützt die Leber- und Nierenfunktion, senkt den Cholesterinspiegel, reduziert Stress und sorgt außerdem für eine gesunde Darmflora.

ROSENKOHL

Ich möchte mit Ihnen ganz dringend sprechen … und zwar über 400 g. 400 g bringen z. B. zwei mittelgroße Avocados oder drei mittelgroße Zitronen auf die Waage. Was ich damit sagen will, ist, 400 g sind nicht gerade viel, auf ein Jahr und einen Menschen verteilt.

Wenn wir uns nun vorstellen, dass das die Menge an Rosenkohl ist, die wir Deutsche pro Kopf im Jahr verzehren, dann ist das verschwindend wenig. Dabei liegen wir mit dem Verzehr schon wirklich weit vorn in Europa, in der Schweiz sind es gerade mal 200 g pro Person im Jahr. Ich finde, daran sollten wir unbedingt etwas ändern.

Aromatische Köpfchen mit viel Wirkung

Der Rosenkohl, auch Sprossenkohl oder Brüsseler Kohl genannt, hat von November bis März Saison. Der erste Nachweis für den Anbau von Brussel Sprouts oder Choux de Bruxelles stammt aus dem Jahr 1587, doch erst im 19. Jahrhundert taucht Rosenkohl vermehrt in Europa auf den Speisekarten und Tellern auf. Die Hauptanbauländer für die kleinen Röschen sind die Niederlande, Großbritannien, Frankreich und Deutschland. Das Kohlgemüse gehört zur Pflanzenfamilie der Kreuzblütler und wächst an einem langen Stängel von gut einem halben Meter Knospe neben Knospe.

Die Inhaltsstoffe sind geradezu sagenhaft: Bitterstoffe, Ballaststoffe, Mineralien, Spurenelemente und Vitamine sind in großer Menge vorhanden: Kalium, Schwefel, Phosphor, Kalzium, Chlorid, Magnesium, Natrium, Vitamine wie C, B_3, E, Provitamin A (Betacarotin), Vitamin B_6, B_2 und B_1 sowie Folsäure.

Den kleinen Kohlsprossen wird gerade wegen der Inhaltsstoffdichte und der Bioverfügbarkeit der sekundären Pflanzenstoffe nachgesagt, dass sie das Immunsystem stärken und vor Erkältung schützen. Die kleinen grünen Rosenkohlköpfe glänzen also mit jeder Menge Vitalstoffe und haben dazu noch eine gehörige Portion pflanzliches Eiweiß in petto, z. B. durch enthaltene Glukosinolate. Senfölglykoside sind scharfe, schwefel- und stickstoffhaltige chemische Verbindungen, die aus Aminosäuren gebildet werden. Glukosinolate haben vor allem antioxidative Fähigkeiten, sie sind zudem auch sehr vorteilhaft für unser Mikrobiom im Darm, sie verbessern das Milieu und damit wird wiederum unser Immunsystem gestärkt. Diese Glukosinulate sind der Ausgangsstoff für das sehr wichtig zu erwähnende Sulforaphan. Wer mich kennt, weiß, dass ich seit Jahren ein großer Fan von diesem sekundären Pflanzenstoff mit antimikrobiellen und antioxidativen, entzündungshemmenden und entgiftenden Eigenschaften bin. Zu finden ist der Powerstoff auch in Brokkoli, Blumenkohl und dem hier beschriebenen Rosenkohl. Sie merken es wahrscheinlich, ich möchte Ihnen den Rosenkohl schmackhaft machen, sodass wir zusammen den jährlichen Grammverbrauch um mindestens das 20-Fache erhöhen.

Der hohe Gehalt an Vitamin C und B sorgt für ein gutes Immunsystem, hilft gegen Müdigkeit und stabilisiert das Nervensystem.

Kohl – eine Geschmacksfrage?

Ob als Salat, Pfannengericht oder auch zu Pasta, als Suppe oder Auflauf, die Rosenkohlköpfe schmecken einfach famos. Trotz all dieser wunderbaren Fakten scheiden sich die Geister aber am Rosenkohl: Die einen lieben ihn, die anderen mögen ihn gar nicht. Ob man den Geruch und den Geschmack mag, soll auch genetisch bedingt sind, ähnlich wie beim Koriander. Allerdings glaube ich, es liegt auch sehr an der Art der Zubereitung und den Rezepten, dass die Kohlrosen so verkannt werden. Häufig wird dieses Superfood breiig zerkocht, wodurch es sowohl an Schönheit, Geschmack und den fantastischen Inhaltsstoffen verliert, deshalb bin ich für eine kurze und knackige Zubereitung. Oft wird angenommen, Rosenkohl darf nicht roh gegessen werden, weil er sonst schwer im Magen liegt. In Rohkost bleiben uns natürlich die meisten Nährstoffe erhalten, deshalb hier mein Tipp: Die Röschen in feine Scheiben schneiden oder raspeln und mit einem Olivenöl-Zitronensaft-Dressing etwas marinieren und nach Belieben würzen, z. B. mit Kümmel, Wacholderbeeren oder Koriander … und ganz wichtig, wie bei allem, gut kauen.

Kauf und Lagerung

Im Supermarkt findet man Rosenkohl oft im Netz oder in Frischhaltefolie abgepackt. Ich versuche immer, die Kohlsprossen auf dem Wochenmarkt oder im Bio-Laden lose zu kaufen. Frisch haben die Blätter eine hell- bis dunkelgrüne Färbung, die Köpfe sollten dicht geschlossen sein. Die gesamte Knospe sollte einen matten Glanz haben und auf Druck kaum nachgeben. Ist die Schnittfläche glatt und hell, ist das ein Zeichen für frische Ware. Je frischer die Ware, desto besser die Nährstoffdichte, die wir uns zunutze machen können. Im Gemüsefach im Kühlschrank hält sich Rosenkohl in ein feuchtes Tuch gewickelt bis zu vier Tage. Aber wo Licht ist, ist auch Schatten. Rosenkohl ist zwar ein mega Nährstofflieferant, aber er ist auch sehr fragil. Bitte bei der Lagerung darauf achten, dass die Knospen nicht mit Ethylen, einem Pflanzenhormon, in Kontakt kommen, das z. B. von Tomaten oder Äpfeln verströmt wird und dafür sorgt, dass anderes Obst und Gemüse schneller reift und fault.

Unabhängig von der Zubereitung ist die Vorbereitung für Rosenkohl immer gleich: Der Strunk wird gekürzt, aber nur eine hauchdünne Scheibe abschneiden. Wenn nötig, die äußeren, unansehnlichen Blätter entfernen und die Röschen waschen.

Gebratene Rosenkohlröschen auf Linsen

Mit dieser geballten Ladung Protein-Power kommt jeder in Form. Und Low Carb hat sich dieses Gericht auch noch auf die Fahne geschrieben. Wer auf Kohlenhydrate achtet, kann also ganz beruhigt zugreifen.

Zubereitungszeit: ca. 25 Min.
Für 2 Personen

Zutaten:

150 g rote Linsen oder Belugalinsen
300 g frischer Rosenkohl
30 g getrocknete Tomaten
8 Cocktailtomaten
1 Knoblauchzehe
1 TL Kokosfett
50 ml Gemüsebrühe
Steinsalz
½ TL Sumach-Gewürzmischung (siehe S. 113)
Kresse oder Koriander

Für das Dressing:
Saft von ½ Bio-Zitrone
50 ml Gemüsebrühe
3 TL Tahini (Sesampaste)
3 EL Olivenöl

Zubereitung:

1. Die Linsen nach Packungsanweisung garen. Den Rosenkohl putzen, waschen und halbieren. Die getrockneten Tomaten in dünne Streifen schneiden. Die Cocktailtomaten waschen und vierteln. Den Knoblauch schälen und klein schneiden.

2. Das Kokosfett in einer Pfanne mit Deckel erhitzen und den Rosenkohl 4 bis 5 Minuten darin scharf anbraten. Getrocknete Tomaten, Knoblauch und die Gemüsebrühe hinzufügen und 5 Minuten bei mittlerer Hitze zugedeckt garen. Die Coktailtomaten 2 Minuten mitgaren. Mit Salz würzen.

3. Die Zutaten für das Dressing verquirlen, bis es sämig ist. Die Linsen mit Sumach würzen. Zum Servieren die Linsen auf einen Teller geben, den Rosenkohl dazugeben und alles mit dem Dressing beträufeln. Nach Belieben mit Kresse oder Koriander bestreuen.

One-Pot-Rosenkohl

Alles aus einem Topf. Das Gemüse schmort gemütlich vor sich hin. Mit der Gewürzpaste wird daraus ein kulinarisches Highlight für den Geruchs- und Geschmackssinn.

Zubereitungszeit: 40–50 Min.
Für 3–4 Personen

Zutaten:

Für das Gemüse:
800 g Rosenkohl
500 g Möhren
300 g Petersilienwurzeln
3-4 Schalotten
¼–½ Kopf Rotkohl
Pflanzenöl

Für die Gewürzpaste:
1 Bio-Orange
1 TL Steinsalz
1 TL Pfefferkörner
4 Gewürznelken
1 TL Fenchelsamen
1 TL Koriandersamen
50 ml Olivenöl
½ TL Rohrohrzucker oder Erythrit

Für die Sauce:
250 g Haferquark oder -sahne
100 g frisch geriebener Meerrettich
1 EL Zitronensaft
Basilikum oder Thai-Basilikum

Tipp: Beim Blanchieren ist es immer wichtig, dass das Wasser sprudelnd kocht.

Zubereitung:

1. Den Backofen auf 175 °C vorheizen. Den Rosenkohl putzen, waschen und den Strunk kreuzweise einschneiden oder die Köpfe halbieren. Möhren und Petersilienwurzeln putzen und in 4 bis 5 cm lange Stifte schneiden.

2. Rosenkohl, Möhren und Petersilienwurzeln in einem ofenfesten Topf 3 Minuten in kochendem Wasser blanchieren (siehe Tipp), das Wasser abgießen und das Gemüse in eine Schüssel mit Eiswasser geben. 3 Minuten abkühlen lassen.

3. Die Schalotten schälen und fein würfeln. Den Rotkohl putzen und in feine Streifen schneiden. Etwas Pflanzenöl in den Topf geben und beides darin andünsten.

4. Für die Gewürzpaste die Bio-Orange waschen und mit einem Sparschäler schälen. ½ Orange in Spalten teilen und beiseitelegen. Die Orangenschalen mit Salz, Pfeffer, Nelken, Fenchel, Koriander, Olivenöl und Zucker in den Mixer geben und mixen. Die Paste zu den Schalotten und dem Blaukraut geben, gut unterrühren und alles zugedeckt im heißen Ofen 30 bis 40 Minuten garen.

5. Für die Sauce Quark, Meerrettich, Orangenspalten (siehe Step 4) und Zitronensaft im Mixer verquirlen. Den Topf aus dem Ofen nehmen, das blanchierte Gemüse und die Sauce unterheben, noch 5 Minuten ziehen lassen. Zum Servieren mit Basilikumblättern bestreuen.

Rosenkohlsalat mit Äpfeln

Zubereitungszeit: ca. 15 Min.
Für 2 Personen

Zutaten:

4 EL natives Bio-Olivenöl
3–4 EL Apfelessig
1 TL Erythrit oder 2 EL Ahornsirup
1 geh. TL mittelscharfer veganer Senf
Steinsalz
500 g Rosenkohl
2 Äpfel (z. B. Braeburn)
1–2 Schalotten
2 Stängel Petersilie
100 g Cashewkerne
Granatapfelkerne von ½ Frucht
Pfeffer aus der Mühle

Tipp: Ein Dressing lässt sich ganz leicht verquirlen, wenn man alle Zutaten in ein Schraubglas gibt, mit dem Deckel gut verschließt und gründlich schüttelt.

Zubereitung:

1. Für das Dressing Olivenöl, Essig, Erythrit, Senf, 1 EL lauwarmes Wasser und etwas Salz sämig verquirlen.

2. Den Rosenkohl putzen, den Strunk nur ganz dünn abschneiden, evtl. die äußeren Blätter entfernen und den Rosenkohl in einer Küchenmaschine zerkleinern oder in ganz feine Ringe hobeln. Die Äpfel waschen und das Kerngehäuse entfernen. Die Äpfel vierteln und ebenfalls in feine Scheiben hobeln. Die Schalotten schälen und in feine Ringe schneiden oder hobeln. Die Petersilie waschen, trocken schütteln und klein schneiden.

3. Alles in eine Schale geben und mit dem Dressing vermengen. Die Cashewkerne nach Belieben in einer Pfanne ohne Fett anrösten und klein hacken. Mit Granatapfelkernen zum Salat geben und Pfeffer darübermahlen.

Rote Bete

Wir sehen rot! Und das ist gut so. Hier kommt die Beta vulgaris – eine unglaublich gehaltvolle Rübe – auf den Tisch. Die von uns meistens Rote Bete genannte Rübe ist mit dem Mangold und der Zuckerrübe verwandt. Es gibt verschiedene Sorten und das Fruchtfleisch der schmackhaften Rüben kann von weiß bis gelb oder auch geringelt sein.

Das Wort Bete leitet sich vom lateinischen „beta“ ab und ist hier auch Programm, denn in dieser gehaltvollen Roten Rübe ist das Betain enthalten. Betain ist ein sehr wertvolles Antioxidans, zählt zu den Flavonoiden – sekundäre Pflanzenstoffe – und stärkt das Immunsystem, wirkt antiseptisch und antiviral. Ganz besonders zu erwähnen ist aber, dass das Betain für gutes Wohlbefinden sorgt. Untersuchungen haben gezeigt, dass Betain den Homocysteinspiegel senken soll. Homocystein ist eine Aminosäure, die oft in hoher Konzentration bei Personen vorkommt, die an Depressionen leiden. Ein weiterer gewinnbringender Inhaltsstoff von Roten Beten ist das Lykopin, ein Carotinoid, das auch in Tomaten vorkommt und freie Radikale einfängt, entzündungshemmend wirkt und vor UV-Strahlen schützt.

Die rote Knolle – ein gesundes Wintergemüse

Rote Bete ist ebenfalls reich an den stressmindernden Vitaminen der Gruppe B, Vitamin B_1, Vitamin B_2, Vitamin B_6, Folsäure sowie Vitamin C. Vitamine kann unser Körper übrigens nicht selbst herstellen, sie sind essenziell – müssen also mit der Nahrung aufgenommen werden und unterstützen den Körper bei all seinen Funktionen. Neben Vitaminen sind die Rüben reich an Mineralstoffen und Spurenelementen wie Kalzium, Phosphor, Kalium, Magnesium, Zink und Eisen. Sie sind wie die Vitamine essenziell und vor allem für Muskeln, Zähne und Knochen wichtig. Mangelerscheinungen können schwere Auswirkungen auf die Gesundheit haben. Kurz gesagt, die farbigen Rüben enthalten viele gesunde Nährstoffe und Vitamine und kaum Kalorien. Rote Beten haben einen typischen erdigen Geruch und Geschmack.

Folsäure, Eisen und B-Vitamine sind reichlich vorhanden in Roter Bete, weshalb sie als entzündungshemmend und blutbildend gilt und die kognitive Leistung fördert.

Sogar die Stiele und Blätter sind gesund und können wie Spinat zubereitet ebenfalls gegessen werden. Übrigens: Der rote Pflanzenfarbstoff Betanin, auch Betenrot genannt, ist als natürliche Lebensmittelfarbe (E 162) als Lebensmittelzusatzstoff zugelassen. Rote Beten sind zwar sehr gesund, enthalten aber auch viel Oxalsäure. Wer zu Nierensteinen neigt, sollte sie also nicht zu häufig essen.

Die besten Verzehrmöglichkeiten

Rote Bete roh zu essen ist sehr zu empfehlen, denn dann enthält sie besonders viele Vitamine und Mineralstoffe, die nicht durch das Kochen zerstört werden. Außerdem schmeckt Rote Bete roh hervorragend, beispielsweise hauchdünn aufgeschnitten und mariniert als Carpaccio. Hierfür eignet sich besonders junge Sommer-Rote-Bete. Aber auch frisch gerieben in den Salat oder eine Bowl kommen die Powerstoffe gut zur Geltung.

Was ist gesünder, Rote Bete gedünstet oder gekocht? Kochen Sie Rote Bete oder Ringelbete, gehen Nährstoffe aus dem Gemüse verloren. Vor allem die Konzentration der Vitamine nimmt ab. Um möglichst viele Nährstoffe in der Roten Bete zu erhalten, sollten Sie das Gemüse nur kurz dämpfen. Sowohl beim Dämpfen als auch beim Dünsten handelt es sich um schonende Garmethoden. Der Unterschied liegt darin, dass die Lebensmittel beim Dünsten im eigenen Saft garen, während die Speisen beim Dämpfen allein durch Wasserdampf erhitzt werden. Wie ich das mache, habe ich im Kapitel Brokkoli gezeigt.
Auch wenn beim Garen im Vergleich zum Rohverzehr einige Vitamine und Mineralstoffe verloren gehen, ist gegarte Rote Bete ebenfalls noch sehr gesund. Um möglichst viele der wertvollen Nährstoffe zu erhalten,

sollten Rote Beten vor dem Kochen oder Backen nicht geschält werden.

Eine Alternative zum Selbergaren ist es, vorgegarte und geschälte Rote Bete fertig zu kaufen. Hierbei ist darauf zu achten, dass es sich um 100 % Bio-Rote-Bete (ohne Essig), geschält und gegart, ohne Zuckerzusatz handelt. Rote Bete enthält von Natur aus Zucker. Der Vorteil hierbei ist, dass sie immer sofort einsatzbereit ist, z. B. in Salaten oder Bowls.

Tipps zur Verarbeitung von Roter Bete

Um die Inhaltsstoffe zu erhalten, sollte Rote Bete vor dem Kochen nicht geschält werden.
Zum Reinigen der roten Knolle ist eine Gemüsebürste am allerbesten. Verbliebene Erde wird so schonend mit wenig Wasser leicht entfernt.
Verwenden Sie beim Verarbeiten der Roten Bete am besten Handschuhe. Der rote Saft tritt beim Schneiden, Hobeln oder Reiben leicht aus und kann zu starken Verfärbungen auf der Haut und Oberflächen führen, kann aber gut mit Wasser und etwas Zitronensaft wieder entfernt werden.

Gedämpfte Ringelbete als Carpaccio

Das Auge isst mit. Das farbenfrohe Carpaccio macht schon allein durch den Anblick gute Laune. Ringelbeten sind etwas milder im Geschmack und schmecken süßlich und nicht so erdig wie Rote Bete.

Zubereitungszeit: ca. 20 Min.
Für 2 Personen

Zutaten:
1–2 Ringelbeten oder Rote Beten
1 EL Olivenöl
1 TL Apfelessig
Steinsalz
1 Möhre
1–2 TL Kürbiskerne
1–2 TL Walnusskerne
Kürbiskernöl
essbare Blüten nach Belieben (Kapuzinerkresse, Borretschblüten, Königskerzenblüten)

Auch die essbaren Blüten sind gesund. Kapuzinerkresse enthält Vitamin C und Senföle, beides stärkt das Immunsystem.

Borretschblüten wirken durch ungesättigte Fettsäuren, Kieselsäure und viel Vitamin C stimmungsaufhellend, lindern Nervosität und Schlafstörungen.

Königskerzenblüten enthalten Saponine und Flavonoide, schon der Anblick der gelben Blüte macht gute Laune.

Zubereitung:

1. Für rohe Rote Bete die Rüben mit einer Gemüsebürste und etwas Wasser reinigen. Wer das Carpaccio roh zubereiten möchte, kann die Rübe in dünne Scheiben hobeln. Die Scheiben mit Olivenöl, Essig und 1 Prise Steinsalz marinieren und einige Minuten ziehen lassen. Die Möhre putzen, waschen und mit einem Spiralschneider in Streifen schneiden. Die roten Rüben mit den Möhrenstreifen anrichten, mit Kürbiskernen und Walnusskernen bestreuen und mit Kürbiskernöl beträufeln. Nach Belieben mit essbaren Blüten garnieren.

2. Für gegarte Rote Bete die Rüben mit einer Gemüsebürste und etwas Wasser reinigen. In einen Topf mit Dämpfeinlage oder Aufsatz etwas Wasser 1 bis 2 cm hoch füllen, die Rüben in den Einsatz legen und das Wasser zum Kochen bringen. Falls Blätter an den Rüben sind, dranlassen, sie können mitgegessen werden. Die Roten Beten ca. 5 Minuten dämpfen. Dann den Herd ausstellen und die Beten 10 bis 15 Minuten ziehen und abkühlen lassen. Danach die Rüben in Scheiben hobeln und wie in Step 1 marinieren und anrichten.

Rote-Bete-Weißkohl-Salat

Weißkohl enthält sehr viel Vitamin C und Mineralstoffe wie Kalium, Kalzium und Magnesium, daneben befinden sich im Weißkohl auch Folsäure, Selen und B-Vitamine. Dieser Kohl passt also perfekt zu unseren Rezepten für eine gute Stimmung.

Zubereitungszeit: ca. 15 Min.

Für 2 Personen

Zutaten:

½ TL Fenchelsamen
1–2 Rote Beten (roh oder gedämpft)
2 EL Olivenöl
1 TL Apfelessig
1 TL naturtrüber und ungesüßter Apfelsaft
Steinsalz
½ Kopf Weißkohl
Kresse als Topping
2–3 EL Sprossen (z. B. Brokkoli oder Alfalfa)

Zubereitung:

1. Die Fenchelsamen im Mörser fein zerstoßen. Die Roten Beten mit der Gemüsebürste von Erde reinigen, dann in Streifen raspeln, dabei den austretenden Saft auffangen.

2. Den Rote-Bete-Saft mit Fenchel, Öl, Essig und Apfelsaft verrühren und mit Salz würzen. Den Weißkohl in dünne Streifen hobeln und unterheben. Den Salat etwas ziehen lassen, dann die gewaschenen Sprossen dazugeben und mit der Kresse dekorieren.

Tipp: Der Salat kann sehr gut vorbereitet werden, er bleibt lange frisch und knackig und eignet sich gut für Meal Prep.

Rote-Bete-Bowl mit Quinoa und Erbsen

Zubereitungszeit: ca. 20 Min.
Für 2 Personen

Zutaten:
100 g Vollkorn-Quinoa
50 g Tiefkühl-Erbsen
1–2 Rote Beten (roh oder gedämpft)
2 EL Olivenöl
2 EL Apfelessig
Steinsalz
1 Chicorée
1 EL Walnusskerne
1 TL Sonnenblumenkerne
2 EL Cashewkerne
Pfeffer aus der Mühle
Minzeblätter

Gegen einen Serotoninmangel können Walnüsse, Kürbiskerne und Sonnenblumenkerne helfen. Cashewkerne enthalten eine Menge Tryptophan, mehr dazu berichte ich im Kapitel Kakao. Tryptophan ist eine Aminosäure, aus der im Körper der Botenstoff Serotonin hergestellt wird. Wir sprechen hierbei von unserem „Glückshormon". Es wirkt unter anderem antidepressiv, stimmungsaufhellend, entspannend und schlaffördernd. Cashewkerne verfügen über viele B-Vitamine, die gut sind für unser Nervenkostüm.

Zubereitung:

1. Die Quinoa nach Packungsanweisung kochen und in den letzten 5 Minuten die tiefgekühlten Erbsen dazugeben. Dann beides etwas ziehen und abkühlen lassen.

2. Die Roten Beten, roh oder gedämpft, in eine Schüssel raspeln oder in Würfel schneiden, dabei den Saft auffangen. Den Saft mit Olivenöl und Apfelessig verrühren und mit Salz würzen. Die gekochte Quinoa mit den Erbsen unterheben.

3. Den Chicorée putzen, waschen und in feine Scheiben schneiden. Alles in einer Schüssel anrichten, mit Nüssen bestreuen, Pfeffer darübermahlen und mit Minzeblättern garnieren.

SELLERIE

Ein Superfood getarnt als runzlige Knolle, das ist Understatement vom Feinsten. Wahrscheinlich wird der Knollensellerie keinen Schönheitspreis erhalten, das liegt aber nur daran, dass wir nur sehr oberflächlich hinschauen. Wenn es um die inneren Werte ginge, dann würde dieses Gemüse jeden Preis gewinnen.

In seiner wilden Form kommt der Sellerie ursprünglich aus dem Mittelmeerraum. Nach schriftlichen Überlieferungen galt der Wildsellerie schon 1200 und 600 v. Chr. als Heilpflanze. Und das sei noch kurz erwähnt, es geht hier um ein Mood Food für die Gemütslage, was schon Dioskurides, ein griechischer Arzt, der im 1. Jahrhundert in der Epoche des Kaisers Nero lebte, wusste. Er beschrieb Sellerie als Nahrung gegen Melancholie und auch Hildegard von Bingen, Paracelsus und Hippokrates setzten den Apium graveolens, wie er lateinisch heißt, als Gesundheitsmittel ein. Bis zum 18. Jahrhundert baute man Sellerie ausschließlich in Hof- und Klostergärten an.

Wurzelgemüse mit heilender Wirkung

Sellerie gehört zur Familie der Doldenblütler mit vielen Arten. Verwendung in der Küche finden aber nur der Knollensellerie, Staudensellerie, auch als Bleichsellerie oder Stangensellerie bekannt, und der Schnittsellerie. Sellerie ist kalorienarm und ballaststoffeich. Staudensellerie enthält viel Vitamin K, Kalium, Kalzium und Mangan. Knollensellerie ist reich an Vitamin E und K, Folsäure, Kalium und Kalzium. Beide Sorten enthalten zudem viele Vitamine der B-Gruppe und das ätherische Öl Apiol.

Die enthaltenen Vitamine, Mineralien, Antioxidantien und sekundären Pflanzenstoffe wirken als Gesundheitsbooster. Sellerie kurbelt den Stoffwechsel und das Nervensystem an, senkt zudem den Blutdruck, den Cholesterin- und Blutzuckerspiegel und reguliert Nieren- und Verdauungsabläufe. Durch die harntreibende Wirkung des Apiols und die Entsäuerung kommt er auch bei Rheuma, Arthritis und Gicht bei Ernährungskuren zum Einsatz. Apiol soll auch unterstützend dabei wirken, neue Verbindungen zwischen Nervenzellen zu knüpfen. Im Ayurveda wird der Sellerie seit langer Zeit bei Verdauungsstörungen und neurologischen Altersbeschwerden wie Demenz eingesetzt.

Bleiche Knolle und grüne Staude

Der Sellerie hat verschiedene Teile und – ob Blatt, Stange oder Knolle – alles ist zum Verzehr geeignet. Irgendwie hat die Knolle ihren Platz als Beilage im Suppengrünbund gefunden, was ihr aber nur ein

Sellerie punktet mit einem hohen Kalium- und Kalziumgehalt, was den Flüssigkeitshaushalt reguliert. Das ätherische Öl Apiol soll bei Depressionen helfen.

Schattendasein in der Küche beschert. Aus diesem gehört sie befreit und ans Licht geholt, denn nicht nur ihre gesunde Wirkung ist enorm, auch die Einsatzmöglichkeiten in der Küche.

Bei Knollensellerie werden die dicken Sprossrüben hauptsächlich für Salate und als Gemüse verwendet. Hier gilt: Je kleiner die Sellerieknolle ist, desto aromatischer ist sie. Außerdem empfiehlt es sich, immer eine ganze Knolle zu kaufen. Denn bei bereits angeschnittenen Stücken lässt sich nicht immer erkennen, ob sie frisch sind.

Vom Staudensellerie werden die fleischigen Blattstiele als Gemüse oder Salat gegessen. Die Blätter sollten knackig sein und die Stange sich nicht biegen lassen, dann ist er frisch.

Schnittsellerie erinnert im Aussehen an Petersilie und das Kraut wird zum Würzen eingesetzt. Die Blätter lassen sich gut trocknen und werden dann zu Selleriesalz verarbeitet.

Frische garantiert

Beim Kauf sollte Knollensellerie fest, trocken und schwer sein. Falls Stangen und Blätter noch vorhanden sind, sollten sie kräftig grün und frisch aussehen. Zumeist kaufen wir die Stangen und die Knolle separat, am sinnvollsten ist es allerdings die komplette Gemüsefrucht zu kaufen, also die Knolle, an der die Stangen mit den Blättern sitzen. Das ist oft nicht der Fall, leider, denn so ist die Nährstoffdichte natürlich am höchsten. Fragen Sie bei Ihrem Gemüsehändler nach, denn wenn eine Nachfrage da ist, dann reagiert auch oft der Handel. Sellerie duftet

ganz wunderbar nach Natur und fast wie ein feuchter, saftiger Wald. Riechen Sie beim Einkauf am Gemüse, Gerüche können auch ein Indiz für Frische sein.

In ein feuchtes Küchentuch gehüllt, hält sich Sellerie bis zu 14 Tage im Gemüsefach des Kühlschranks. Sollte Knollensellerie angeschnitten weitergelagert werden, empfiehlt es sich, die Schnittstellen mit etwas Zitronensaft zu bestreichen. So wird die Oxidation der fragilen Inhaltsstoffe beschränkt und das Fruchtfleisch bleibt zudem weiß.

Sellerie ist pur wahrlich kein Geschmackswunder, dafür überzeugt er mit seiner gesunden Wirkung. Und mit der entsprechenden Zubereitung und vielen Kräutern und Gewürzen sollte er auf jedem Speiseplan stehen.

Sellerie-Kokos-Suppe

Diese leichte und bekömmliche Suppe ist ein besonders gut sättigendes und beruhigendes Mittag- oder Abendessen und ist ideal bei einer Detox-Diät.

Zubereitungszeit: ca. 30 Min.
Für 2–3 Personen

Zutaten:

1 Zwiebel
2 Knoblauchzehen
½ Sellerieknolle
2 Stangen zarter Staudensellerie (mit Grün)
1 Apfel (z. B. Holsteiner Cox)
3–4 vorgekochte kleine Kartoffeln
1–2 EL Kokosöl
600–700 ml Gemüsebrühe
250 ml Kokosmilch
30–40 g frischer Ingwer
abgeriebene Schale und Saft von ½ Bio-Limette
Steinsalz
Pfeffer aus der Mühle
1 TL Kürbiskerne
etwas Kürbiskernöl
2 EL Kokosflocken oder Kokosraspel
Korianderblätter nach Belieben

Zubereitung:

1. Zwiebel, Knoblauch und Sellerieknolle schälen und in Würfel schneiden. Die Selleriestangen putzen, waschen und klein schneiden, das Grün beiseitelegen. Den Apfel waschen, vierteln, entkernen und in Würfel schneiden. Die Kartoffeln klein schneiden.

2. Das Kokosöl in einem Topf erhitzen, aber nicht zu heiß werden lassen. Zwiebel und Knoblauch darin kurz andünsten. Die Selleriewürfel dazugeben und ca. 4 Minuten mitdünsten. Mit der Gemüsebrühe ablöschen, aufkochen lassen und ca. 10 Minuten weiterköcheln lassen. Dann Kokosmilch, Apfel, Selleriestangen und Kartoffeln hinzufügen. Den Ingwer hineinreiben und die Limettenschale dazugeben. Alles 5 bis 8 Minuten köcheln lassen, dann den Limettensaft hinzufügen und mit Salz und Pfeffer würzen.

3. Die Suppe pürieren und mit Selleriegrün bestreuen. Mit Kürbiskernen, Kürbiskernöl und Kokosflocken garnieren. Eventuell noch etwas Pfeffer darübermahlen. Nach Belieben Korianderblätter darüberstreuen.

Selleriesalat mit Möhren und Äpfeln

Dieser Power-Salat ist knackig und saftig, er beflügelt alle Geschmacksnerven und sättigt durch seinen hohen Nährstoffgehalt und die Ballast- und Bitterstoffe.

Zubereitungszeit: ca. 15 Min.
Für 2 Personen

Zutaten:

Für den Salat:
300 g Sellerieknolle
150 g Möhren
2 Äpfel (z. B. Holsteiner Cox oder Boskop; je nach Geschmack)
½ Birne
2–3 Stängel Basilikum
1–2 Blätter Radicchio
Pfeffer aus der Mühle
2–3 EL gehackte Kürbis- oder Walnusskerne
1 Nori-Blatt

Für das Dressing:
½ Birne
1 EL frisch gepresster Zitronensaft
2 EL naturtrüber ungesüßter, nicht pasteurisierter Apfelessig
1 EL mittelscharfer veganer Senf
2 EL Pflanzenöl (z. B. Walnuss- oder Olivenöl)
Steinsalz

Zubereitung:

1. Sellerieknolle und Möhren mit einem Sparschäler ganz dünn schälen. Äpfel, Birne und Basilikum waschen, Basilikum trocken schütteln. Radicchio waschen, trocken schütteln und klein schneiden.

2. Für das Dressing die Birne entkernen und alle Zutaten mit 2 EL Wasser und 1 Prise Steinsalz in den Mixer geben und pürieren.

3. Sellerie, Äpfel, Möhren und Birne auf der Gemüsereibe grob reiben. Basilikum etwas klein zupfen. Alles mit dem Radicchio in einer Schüssel anrichten und mit dem Dressing vermischen. Mit etwas Pfeffer aus der Mühle würzen. Die gehackten Kürbiskerne bzw. Walnüsse darüberstreuen. Das Nori-Blatt in Streifen schneiden und den Salat damit garnieren.

Nori sind essbare Meeresalgen, meist aus der Rotalge, die getrocknet und geröstet, häufig quadratisch als „papierartige" Blätter verkauft werden. Nori-Blätter sind vitamin- und mineralstoffreich. Sie enthalten Mineralstoffe und Spurenelemente wie Kalium, Natrium, Kalzium, Magnesium, Phosphor und Zink. Ein Nori-Blatt ist etwa 3 g leicht, dafür ist es schwer an Vitaminen wie Vitamin B_5 (Pantothensäure), B_6 (Pyridoxin), B_7 (Biotin) und B_9 (Folsäure). Je nach Algenart sind für gesunde Menschen 1 bis 5 g getrocknete Algen täglich ungefährlich und zu empfehlen.

Sellerieschnitzel mit Ananas

Die Struktur der Sellerieknolle, ihre Faserdichte und Konsistenz laden förmlich dazu ein, sie in Scheiben zu schneiden und daraus moderne Pflanzenschnitzel zu machen, die noch Biss haben. Die Selleriescheiben können ohne oder mit Panade gebraten werden.

Zubereitungszeit: ca. 15 Min.
Für 2–3 Personen

Zutaten:
1 Sellerieknolle
Salz
Öl zum Anbraten
Pfeffer aus der Mühle
ca. 6 Ananasscheiben (ebenso viele wie Selleriescheiben)
Rettichkresse nach Belieben

Zubereitung:

1. Den Sellerie schälen und in 1 cm dicke Scheiben schneiden. Einen Topf mit Deckel und Dämpfeinsatz mit Wasser und etwas Salz zum Kochen bringen. Die Selleriescheiben hineinlegen und ca. 5 Minuten dämpfen. Alternativ können die Scheiben in einer Pfanne geschmort werden. Hierfür ca. ½ cm hoch Wasser in die Pfanne geben und aufkochen, die Selleriescheiben hineinlegen und bei mittlerer Hitze 2 bis 3 Minuten schmoren, einmal wenden, herausnehmen und abkühlen lassen.

2. Die Selleriescheiben in einer Grillpfanne auf beiden Seiten mit etwas Öl anbraten. Mit Salz und Pfeffer würzen. Die Ananasscheiben in der Grillpfanne ebenfalls anbraten und die Selleriescheiben damit belegen. Nach Belieben mit Rettichkresse servieren.

3. Die Schnitzel können ohne Ananas als Beilage zum Salat oder auf dem Brot als Burger oder mit Ananas auch als Hauptgericht angerichtet werden.

Panieren: Schritt für Schritt

1. Sellleriegrün abschneiden.
2. Sellerie schälen.
3. Sellerie in Scheiben schneiden.
4. Sellerie in etwas Wasser in einer Pfanne garen.
5. Schnitzel in der Nusspaste wenden.
6. Dann in Maismehl wenden.
7. Sellerie erneut in der Nusspaste wenden.
8. Zum Schluss in Dinkelmehl wenden.
9. Panierte Schnitzel in etwas Öl knusprig braten.

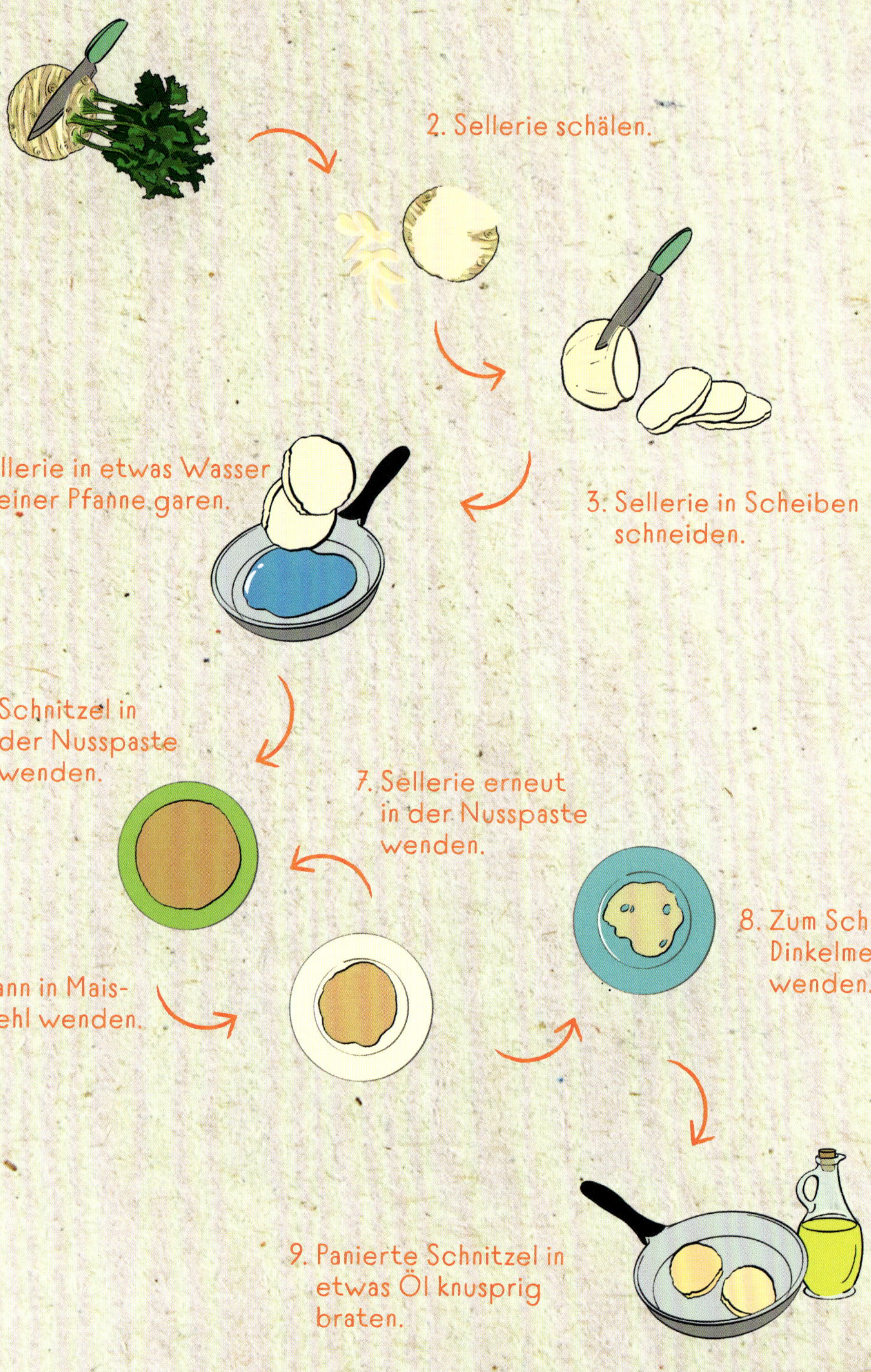

Panierte Sellerieschnitzel

Zubereitungszeit: ca. 20 Min.
Für 2–3 Personen

Zutaten:

3–4 EL Cashew- oder Erdnussmus
4 EL Maismehl
1 TL geräuchertes Paprikapulver
1 TL Steinsalz
4 EL Dinkelmehl oder glutenfreie Semmelbrösel
2–3 EL Pflanzenöl

Zubereitung:

1. Zum Panieren das Nussmus in ein sauberes Marmeladenglas geben und die dreifache Menge lauwarmes Wasser hinzufügen. Das Glas sorgfältig zuschrauben und kräftig schütteln, bis eine cremige Masse entstanden ist. Die Nusspaste auf einen leicht tiefen Teller geben.

2. Auf einen zweiten Teller das Maismehl mit dem Paprikapulver und Steinsalz verrühren. Das Dinkelmehl oder die Semmelbrösel auf dem dritten Teller verteilen.

3. Nun die abgekühlten Sellerieschnitzel zuerst in der Nusspaste, dann im Maismehl, erneut in der Nusspaste und zum Schluss im Dinkelmehl wenden.

4. Das Öl in einer Pfanne erhitzen, dabei immer auf den Rauchpunkt achten, das Öl sollte nicht verbrennen. Nun die Schnitzel darin auf beiden Seiten knusprig braten.

TOPINAMBUR

Ich habe Topinambur leider erst vor ein paar Jahren für meinen Speiseplan entdeckt. Im Nachhinein muss ich mich immer wieder selbst fragen, wie das passieren konnte, aber ich hatte bis dahin überhaupt keinen Zugang zu dieser Knolle und wusste nichts mit ihr anzufangen.

Der Name Topinambur hört sich exotisch an, aber die Pflanze (Helianthus tuberosus) gehört botanisch zur Familie der Korbblütler und zur selben Gattung wie die Sonnenblume. Sie ist eine mehrjährige Staude und kann bis zu 3 m hoch wachsen. Ursprünglich in Amerika beheimatet und dort auch als Grundnahrungsmittel geschätzt fand das Wurzelgemüse circa im 17. Jahrhundert den Weg nach Europa. Die Topinambur ist eine Nutzpflanze, sie hat auch noch andere Namen, die sich aber nicht wirklich durchsetzen konnten. So wird die Sprossknolle auch Jerusalem-Artischocke, Erdsonnenblume, Knollensonnenblume, Erdartischocke, Erdbirne oder Zuckerkartoffel genannt. In verschiedenen Kulturen wird Topinambur in der Volksmedizin bei Magen-Darm-Beschwerden oder erhöhter Magensäure, Rheuma oder Kraftlosigkeit und Schlaflosigkeit sowie bei sehr trockener Haut oder Ekzemen eingesetzt.

Ich finde, Topinambur sieht der Ingwerknolle etwas ähnlich. Äußerlich ist sie meist leicht violett oder braun gefärbt, innen ist sie jedoch ganz weiß. Dieses Knollengewächs wurde im 17. Jahrhundert schon in Paris als Delikatesse gehandelt, konnte sich aber nicht gegen die Kartoffel durchsetzen und wurde von ihr von unseren Tellern verdrängt. Aber heute ist sie als Lebensmittel wirklich wichtiger denn je und es ist an der Zeit, dass Topinambur wieder gebührend geschätzt wird. Die moderne Küche braucht ein Revival der gesundheitsfördernden Topinambur.

Nicht nur bei Diabetikern hoch im Kurs

Das Tolle an der Knolle ist, dass Topinambur keine einfache Stärke enthält, sondern den kohlenhydratähnlichen Inhaltsstoff Inulin. Dieses Inulin können wir in unserem Verdauungssystem nicht verwerten und aufspalten, hierfür fehlt uns ein Enzym. Deshalb gelangt das Inulin in den Dickdarm und wird dort von Mikroorganismen wie ein Ballaststoff abgebaut. Inulin gehört zu den löslichen Ballaststoffen. Es bindet in Magen und Darm Wasser und quillt auf. Diese Effekte haben mehrere Vorteile. Zum einen liefert Inulin kaum Kalorien und regt die Verdauung an. Außerdem fördert es ein längeres Sättigungsgefühl und bewirkt, dass andere Kohlenhydrate aus der Nahrung langsamer ins Blut übergehen. Somit wirkt Inulin positiv auf unseren Blutzuckerspiegel, deshalb bekam die Topinambur auch in den letzten Jahren noch den Zusatznamen „Diabetikerkartoffel". Das Wurzelgemüse ist also bestens auch für Diabetiker geeignet.

Der Ballaststoff Inulin hält den Blutzucker stabil und sorgt für einen gesunden Darm. Weitere Pluspunkte der Knolle: Sie ist kalorienarm, fettarm und sättigend.

Der Abbau des Ballaststoffs Inulin im Darm trägt außerdem dazu bei, den pH-Wert zu stabilisieren, und wirkt dabei auch präbiotisch. Das bedeutet, durch den Verzehr von Topinambur werden die guten, gesunden Bakterienstämme im Darm angeregt und vermehrt. Kurz auf den Punkt gebracht: Topinambur liefert uns all das, was uns in unser heutigen „normalen" Nahrungsmittelaufnahme verwehrt wird. Die Stärkung unseres Immunsystems durch den Aufbau des Mikrobioms im Darm hat auch sehr viel mit unserer Stimmung und unserem Wohlbefinden zu tun.

Weitere Inhaltsstoffe sind Vitamin A und C, Magnesium, Kalium, Kalzium, Phosphor, Silizium, Eisen und Niacin. Niacin ist ein wasserlösliches Vitamin aus der Gruppe der B-Vitamine und wichtig für unseren Eiweißstoffwechsel, aber auch für die generelle Regeneration des Körpers und des Nervensystems. Die Nährstoffdichte in Topinambur ist also hoch. Es sollte noch erwähnt werden, dass sie nicht ohne Grund auch Erdartischocke genannt wird, denn sie enthält Bitterstoffe wie das Cyarin, das auch in der Artischocke vorhanden ist. Cyarin fördert die Verdauung und regt die Gallensekretion an. Des Weiteren wirkt es appetithemmend, was die Topinambur auch zu einer perfekten Unterstützung bei Abnehmkuren macht.

Tolle Knolle mit Nussaroma

Topinambur hat von Herbst bis ins Frühjahr Saison. Alle Knollen sind essbar. Empfohlene Sorten bei uns sind z. B. Bianka und Gute Gelbe. Topinambur hat einen leicht nussigen Geschmack. Die Knollen können sowohl roh als auch gekocht gegessen werden. Roh schmeckt Topinambur leicht bitter, gekocht hat sie eine eher süßliche Note. Topinambur ist meistens nur in Bio-Märkten und auf Wochen- und Gemüsemärkten zu finden, wegen der gestiegenen Nachfrage aber auch immer häufiger in Supermärkten. Der Nachteil an der Knolle ist, dass sie nicht so gut lagerfähig ist wie die Kartoffel. Vermutlich hat sie sich auch deshalb nicht gegenüber der Kartoffel als Nahrungsmittel durchsetzen können. Außerdem verliert sie nach der Ernte schnell an Wasser und ist dann nicht mehr knackig.

Deshalb hier einige Tipps zur Lagerung:

- Frisch geerntet können die Knollen noch für circa zwei Wochen im Keller oder im Kühlschrank im Gemüsefach am besten in einer Papiertüte gelagert werden..
- Selbst geerntete Knollen sollten ungewaschen aufbewahrt werden und die Erde erst direkt vor der Verarbeitung entfernt und die Knolle gewaschen werden.
- Ob gekauft oder selber geerntet: Topinambur in einer Kiste mit Sand oder Erde gefüllt etwa 5 cm tief einbuddeln. Die Kiste sollte kühl und dunkel stehen. So kann die Topinambur bis zu drei Monate gelagert werden.

Topinambursalat mit Äpfeln

Roh im Salat schmeckt das Fruchtfleisch leicht erdig. Fein geraspelt und mit Zitronensaft beträufelt ist Topinambur eine willkommene Abwechslung auf dem Teller.

Zubereitungszeit: ca. 15 Min.
Für 2–3 Personen

Zutaten:

200 g Topinambur
200 g Äpfel
1 Möhre
1 Chicorée
50 ml naturtrüber Apfelsaft
1 TL mittelscharfer veganer Senf
40–50 ml Olivenöl oder Walnussöl
2 EL frisch gepresster Zitronensaft
Steinsalz
Pfeffer aus der Mühle
50 g gehackte Walnusskerne
30 g Sonnenblumenkerne
Petersilie nach Belieben

Zubereitung:

1. Topinambur, Äpfel und Möhre mit einer Gemüsebürste gründlich waschen, aber nicht schälen. Topinambur und Äpfel ganz dünn in feine, hauchdünne Scheiben hobeln. Die Möhre fein reiben. Vom Chicorée den Strunk herausschneiden, die Blätter ablösen und in feine Streifen schneiden.

2. Apfelsaft, Senf, Öl und Zitronensaft in ein kleines Schraubglas geben, mit Salz und Pfeffer würzen. Das Glas gut verschließen und schütteln, bis ein cremiges Dressing entsteht.

3. Topinambur, Äpfel, Möhre und Chicorée mit dem Dressing in einer Schüssel vermengen und mit Walnüssen und Sonnenblumenkernen bestreuen. Nach Belieben klein gehackte Petersilie darüberstreuen.

Probieren Sie auch mal einen Topinambursaft: Dafür 4 mittelgroße Topinambur, 1 Apfel und 1 Möhre entsaften. Trinken Sie den Saft morgens auf nüchternen Magen, er schmeckt frisch und leicht süßlich. Es tritt ein intensives Sättigungsgefühl ein und diese Saftkur hilft beim Abnehmen und beim Entgiften.

Topinambursuppe mit Chips

Eine leichte und cremige Suppe – den Crunch für ein abwechslungsreiches Mundgefühl bringen die gerösteten Chips mit.

Zubereitungszeit: ca. 40 Min.
Für 2 Personen

Zutaten:

1 Zwiebel
1 Knoblauchzehe
500 g Topinambur
Olivenöl
600 ml Gemüsebrühe
Steinsalz
Pfeffer aus der Mühle
frisch geriebene Muskatnuss
Petersilie oder andere Kräuter

Zubereitung:

1. Zwiebel und Knoblauch schälen und klein schneiden. Die Topinambur mit einer Gemüsebürste säubern und (bis auf 3 Knollen) in Würfel schneiden. Zwiebel und Knoblauch in einem großen Topf in etwas Öl andünsten. Die Topinambur dazugeben und ebenfalls andünsten. Alles mit Gemüsebrühe aufgießen und ca. 30 Minuten köcheln lassen.

2. Den Backofen auf 180 °C (Umluft) vorheizen. Die restlichen Knollen in feine Scheiben hobeln, mit etwas Öl und Salz mischen und ca. 10 Minuten im heißen Ofen rösten.

3. Die Suppe pürieren und mit Salz, Pfeffer und Muskatnuss abschmecken. Auf Teller verteilen, mit den Chips garnieren und mit Kräutern nach Belieben dekorieren.

Topinamburchips

Zubereitungszeit: ca. 20 Min.
Für 2 Personen

Zutaten:

4–5 Topinambur
3–4 EL Olivenöl
etwas Steinsalz
Pfeffer aus der Mühle
Paprikapulver

Zubereitung:

1. Den Backofen auf 180 °C (Umluft) vorheizen. Die Topinambur mit einer Gemüsebürste säubern, aber nicht schälen. Dann ganz fein hobeln oder in dünne Scheiben schneiden.

2. Die Scheiben in einer Schüssel mit dem Öl vermengen und leicht salzen. Auf einem mit einer Backmatte ausgelegten Backblech nebeneinander verteilen. Im heißen Ofen je nach Dicke der Scheiben 15 bis 20 Minuten backen, bis sie kross sind, aber nicht zu dunkel.

3. Wer möchte, kann noch Pfeffer oder Paprikapulver als Gewürz darübergeben. Pur schmecken die gesunden Topinambur allerdings besonders fein.

Marinierte Topinambur aus dem Ofen

Zubereitungszeit: ca. 1 Std.
Für 2–3 Personen

Zutaten:

8–10 Topinambur
3–4 Frühlingszwiebeln
6–8 EL Olivenöl
etwas Chilipulver
1 EL Nusspaste
1 TL frisch geriebener Ingwer
1–2 Knoblauchzehen
1–2 TL Senf
2–3 EL frisch gepresster Zitronensaft
50–80 ml Gemüsebrühe
Steinsalz
Pfeffer aus der Mühle
2 TL Sumach-Gewürzmischung (siehe S. 113) oder Currypulver
2 EL Kapern in Salzlake
1 TL Kümmelsamen (nach Belieben)

Zubereitung:

1. Die Topinambur gründlich mit einer Gemüsebürste säubern, aber nicht schälen. Die Topinnambur je nach Größe in 4 bis 6 Stücke schneiden. In einen ofenfesten Topf mit Deckel geben. Den Backofen auf 180 bis 200 °C (Umluft) vorheizen. Die Frühlingszwiebeln putzen, waschen und klein schneiden.

2. Olivenöl, Chilipulver, Nusspaste und Ingwer in ein Schälchen geben. Die Knoblauchzehen schälen, dazupressen oder sehr klein schneiden. Senf, Zitronensaft und Gemüsebrühe hinzufügen. Mit Salz, Pfeffer und Sumach würzen und alles zu einer Marinade verrühren. Die Marinade sowie Kapern und Frühlingszwiebeln zu den Topinambur geben und alles gut vermischen.

3. Die Topinambur im heißen Ofen 40 bis 50 Minuten garen. Die Topinambur mit der Marinade anrichten und nach Belieben Kümmel darüberstreuen. Dazu einen Salat (siehe Tipp) servieren.

Tipp: Ein knackiger Salat aus Radicchio, Feldsalat, Löwenzahn und Radieschen mit einem Limettendressing passt wunderbar dazu.

ZWIEBEL

Häufig spielt sie nur eine Nebenrolle in der Küche, hier wird sie zur Hauptdarstellerin. So oft hat sie uns schon zu Tränen gerührt und gefühlt beginnt jede Zubereitung eines Gerichts mit ihr und ohne sie läuft nichts rund.

Die Rede ist von der Zwiebel, ehrlich gesagt gibt es nur wenige Rezepte, in denen sie nicht vorkommt. Was uns beim Zwiebelschneiden zum Weinen bringt, sorgt andererseits dafür, dass Entzündungen und Keime im Körper unterdrückt werden. Es handelt sich hier um eine Kombination aus zwei Stoffen: der Aminosäure Isoalliin auf den äußeren Zwiebelschichten und dem Enzym Alliinase, das sich eher im Zwiebelinneren befindet. Beides sind Schwefelverbindungen, und wenn sie aufeinandertreffen, dann spaltet das Enzym die Aminosäure auf und die Schleimhäute werden gereizt.

Heilpflanze seit Jahrtausenden

Die Zwiebel (Allium cepa) zählt zu den ältesten Kulturpflanzen der Menschheit, trotzdem hat sie keine Starallüren, sie lässt sich einfach kultivieren und lagern. Ihre Geschichte reicht übrigens bis in die Antike zurück, schon bei den alten Römern rieben sich die Gladiatoren mit dem Saft der Zwiebel ein, um ihre Muskeln zu stärken, die alten Ägypter legten sie ihren Toten mit ins Grab und auch Paracelsus wusste um die Vorzüge der schönen Scharfen und setzte den Wert einer Zwiebel einer ganzen Hausapotheke gleich. Kurz gesagt zählt die Zwiebel zu den beliebtesten Heil-, Gewürz- und Gemüsepflanzen, kein Wunder, sowohl roh als auch gegart ist die „Gemeine Zwiebel" vielseitig. Eine Zwiebel roh zu essen, beispielsweise als kleiner Snack zwischendurch, ist bei uns eher unüblich, bei den Sherpa am Annapurna aber ganz normal. Es ist in der Tat eine wirklich gute Idee, Zwiebeln auch roh zu essen, denn so profitieren wir von ihren Nährstoffen am meisten. Neben den stark wirksamen Schwefelverbindungen enthält die Zwiebel noch weitere wichtige Stoffe in hohen Mengen, nämlich Polyphenole. Kein anderes Lebensmittel kann bei dem Polyphenolgehalt mit der Zwiebel mithalten. Hierzu gehören auch das Flavonoid Quercetin und Anthocyane, die bei roten Zwiebeln für die Farbe sorgen. Beim Verarbeiten und Schälen der Zwiebel sollten Sie daran denken, dass sich die Polyphenole in den äußeren Schichten der Zwiebeln befinden – also immer nur so viel wie unbedingt nötig und so wenig wie möglich schälen.

Multitalent mit Schärfe

Generell ist die Zwiebel ein wahrer Radikalfänger und liefert viele Antioxidantien, außerdem viel Schwefel und Vitamin C sowie das für den Aminosäurestoffwechsel wichtige Vitamin B_6, ebenso Kalium, das für

Zwiebeln werden als pflanzliches Antibiotikum bezeichnet, denn sie sind entzündungs- und keimhemmend, wirken antibakteriell und kurbeln den Kreislauf an.

Muskeln und Nervensystem wichtig ist. Wissenswert ist außerdem, dass die Zwiebel eigentlich keine Stärke enthält, ihre Kohlenhydrate finden sich in Form sogenannter Fruktane; das sind wasserlösliche Saccharide, die die Zwiebel vor dem Austrocknen bewahren. Diese Fruktane werden im Dünndarm nicht bei jedem Menschen gleich gut aufgespalten, dann kann es sein, dass sie unverarbeitet in den Dickdarm gelangen, wo sie von Bakterien verarbeitet werden. Bei Menschen mit empfindlichem Verdauungstrakt kann es dadurch zu Blähungen kommen.

Wenn unsere Ernährung eine Fülle von Mikronährstoffen enthält, die antientzündlich wirken, kann sie dazu beitragen, das Risiko, im Magen-Darm-Trakt an Krebs zu erkranken, aber auch die Entstehung von Depressionen verringern, wie eine Langzeitstudie gezeigt hat. Wissenschaftler erforschen derzeit, ob Zwiebeln auch gegen Krebs eingesetzt werden können. Der schon erwähnte Pflanzenstoff Quercetin kann Tumorzellen angreifen.

Zwiebeln sind übrigens schon seit Jahrhunderten ein erprobtes traditionelles Hausmittel im Einsatz gegen Insektenstiche, Narben, Husten oder Ohrenschmerzen. Vor allem als Tee zubereitet, wirkt die Zwiebel in Mund- und Rachenraum antibakteriell sowie entzündungshemmend und hilft etwa bei Halsschmerzen, Schnupfen und Husten. Dafür einfach Wasser mit frisch geschnittenen Zwiebeln ca. 2 Minuten aufkochen (immer mit Deckel ziehen lassen, damit die wertvollen ätherischen Öle sich nicht verflüchtigen), von dem Auszug lauwarm maximal 2 bis 3 Tassen pro Tag trinken.

Vielfalt und Haltbarkeit

Die Zwiebel ist wandelbar wie kein zweites Gemüse, ob rosa, rot, gelb, weiß, scharf, süß, mild, rund oder oval, ob als Ringe, Würfel, gehackt oder mariniert, kurzum, ohne sie wäre es häufig ganz schön langweilig auf unseren Tellern, deshalb sollten Zwiebeln immer auf dem Speiseplan stehen. Am bekanntesten und häufigsten verwendet ist wahrscheinlich die gelb- bis braunschalige Speisezwiebel. Gemüsezwiebeln sind etwas milder und süßer im Geschmack. Rote Zwiebeln dagegen sind eher leicht süßlich und mild. Noch etwas milder schmeckt die Schalotte. Frühlingszwiebeln erinnern optisch an Lauch, weshalb sie auch Lauchzwiebeln genannt werden. Sie schmecken etwas schärfer als Lauch und sind kleiner. Die kleinste und mildeste ist die Silberzwiebel.

Auch wenn sich die Zwiebel durch ihre lange Lagerfähigkeit auszeichnet, sollte beim Einkauf einiges beachtet werden. Zwiebel sollten schön prall und hart und nicht weich sein und bei Druck nicht nachgeben. Grüne Triebe sind ein deutlicher Hinweis auf Überlagerung. Die Farbe der äußersten Zwiebelschale sollte zudem gleichmäßig, trocken und sauber sein und einen matten Glanz haben. Unter Lichteinfluss beginnen Zwiebeln zu keimen, deshalb sollten sie dunkel und trocken gelagert werden.

Zwiebelsuppe

Wenn man von Zwiebelsuppe spricht, dann denkt jeder sofort: Ah, eine französische Zwiebelsuppe. Sie wird meist mit Brot und Käse überbacken. Meiner Meinung nach braucht ein Allroundtalent wie die Zwiebel das aber nicht. Sie ist auch ohne Beiwerk köstlich, leicht und gesund.

Zubereitungszeit: ca. 30 Min.
Für 2 Personen

Zutaten:

4 große Gemüsezwiebeln
2 EL Pflanzenöl (z. B. Rapsöl)
½ TL Erythrit
125 ml Weißwein (optional)
2–3 Zweige Thymian
½ TL Kümmel (gemahlen oder die Samen im Mörser zerkleinert)
1 TL Steinsalz
½ TL geräuchertes Paprikapulver oder Sumach-Gewürzmischung (siehe S. 113)
500–600 ml Gemüsebrühe
3 EL Cognac (optional)
vegane Butter oder Margarine
2–3 EL Buchweizenmehl
1–2 EL Apfelessig
rote Pfefferbeeren

Tipp: Die fein gehobelten Zwiebelringe haben den Vorteil, dass sie schnell gar werden und die wertvollen Inhaltsstoffe nicht ausgekocht werden. Deshalb die Suppe auch am besten zugedeckt garen.

Zubereitung:

1. Die Zwiebeln dünn schälen und in feine Ringe hobeln oder in dünne Ringe schneiden. Das Öl in einen Topf geben und erhitzen, dabei auf den Rauchpunkt des jeweiligen Öls achten. Erythrit unterrühren und die Zwiebelringe 2 bis 3 Minuten darin andünsten, dabei immer wieder umrühren. Die Zwiebeln sollten nicht braun werden, sondern nur leicht gelb.

2. Mit dem Weißwein ablöschen und kurz köcheln lassen. Thymian und die Gewürze dazugeben und mit der Gemüsebrühe aufgießen. Aufkochen und nach 5 Minuten den Cognac dazugeben.

3. Im Wasserkocher 250 bis 300 ml Wasser aufkochen. Die vegane Butter in einer Pfanne zerlassen, das Buchweizenmehl unterrühren. Das heiße Wasser dazugießen und rühren, bis eine cremige Mehlschwitze entstanden ist. Zur Suppe geben und gut unterrühren. Aufkochen, vom Herd nehmen und weitere 10 Minuten zugedeckt ziehen lassen. Die Suppe mit dem Essig verfeinern. Zum Servieren die Suppe mit den Pfefferbeeren bestreuen.

Marinierte Zwiebeln mit Kapern und getrockneten Tomaten

Auch wenn wir Zwiebeln meist braten oder dünsten, so ist es doch auch mal eine gute Idee, sie roh zu essen. Dieses Rezept kann mit Schalotten, roten Zwiebeln oder der Gemüsezwiebel zubereitet werden. Einfach mal ausprobieren!

Zubereitungszeit: ca. 6 Std.

Für 2 Personen

Zutaten:

400 g Zwiebeln
100–150 ml Bio-Leinöl
2–3 EL Kapern (in Salzlake eingelegt)
2–3 EL kleine getrocknete Tomaten
1 EL Apfelessig
1 Msp. Erythrit

Zubereitung:

1. Die Zwiebeln schälen und in feine Ringe oder Streifen hobeln. In eine Schüssel mit Deckel geben und mit dem Leinöl übergießen. Die Kapern abtropfen lassen. Die Tomaten, falls nötig, klein schneiden. Kapern und Tomaten zu den Zwiebeln geben. Mit Essig und Erythrit verrühren und mindestens 6 Stunden oder über Nacht zugedeckt ziehen lassen.

2. Die Zwiebeln können auf Brot gegessen werden, im Salat zu Kartoffeln oder zur Pasta.

Leinöl wird aus Leinsamen gewonnen und ist reich an Omega-3-Fettsäuren (Alpha-Linolensäure) und Omega-6-Fettsäuren in einem ausgewogenen Verhältnis. Neben vielen anderen gesundheitsfördernden Wirkungen (blutdrucksenkend, entzündungshemmend) soll Leinöl auch die Gehirnleistung verbessern und die Konzentrationsfähigkeit fördern.

Gefüllte Zwiebeln mit Erbsen und Tomaten

Für den Gute-Laune-Faktor kommt hier noch Lykopin ins Spiel. Es ist ein Carotinoid, ein sekundärer Pflanzenstoff, der auch in Roter Bete enthalten ist und sehr konzentriert auch in Tomatenmark. Wird Lykopin erwärmt, erhöht sich seine Bio-Verfügbarkeit.

Zubereitungszeit: ca. 20 Min.
Für 2 Personen

Zutaten:

2 große Gemüsezwiebeln
200 g Tiefkühl-Erbsen
6–8 Cocktailtomaten
2–3 Stängel Basilikum
Pflanzenöl
3 EL Tomatenmark
200 g stückige Tomaten (aus der Dose)
Steinsalz
Ysop
Pfeffer aus der Mühle

Ysop wurde schon im Mittelalter von Hildegard von Bingen geschätzt und in den Klostergärten angebaut. Seine Kraft soll als Stimmungsaufheller bei Verstimmungen wirken. Enthalten sind Gerbstoffe und Terpene. Ysop schmeckt leicht nach Kampfer und Minze.

Zubereitung:

1. Die Zwiebeln schälen, einen Deckel von den Zwiebeln abschneiden und das Innere der Zwiebeln mit einem kleinen Löffel aushöhlen. Das Zwiebelinnere in kleine Würfel schneiden. Einen Topf mit Wasser und einem Dämpfeinsatz erhitzen, die Zwiebeln hineingeben und zugedeckt ca. 10 Minuten dämpfen.

2. Die Erbsen auftauen lassen. Die Cocktailtomaten waschen und klein schneiden. Das Basilikum waschen, trocken schütteln und klein zupfen.

3. Die Zwiebelwürfel in etwas Pflanzenöl in einer Pfanne andünsten. Das Tomatenmark dazugeben und einige Minuten mit anschwitzen. Mit ca. 40 ml Wasser ablöschen. Die Tomatenstücke dazugeben und mit Salz und Ysop würzen.

4. Die Erbsen und Cocktailtomaten dazugeben, alles kurz aufkochen und gut vermengen. Die gedämpften Zwiebeln mit der Sauce füllen und anrichten. Pfeffer darübermahlen und mit Basilikum garnieren.

G

H

K

L

Quellennachweis

S. 10–13: Verbraucherzentrale Hamburg

ZUR AUTORIN

Andrea Sokol ist ein wahres Multitalent: Sie ist Ernährungsberaterin, Fernsehmoderatorin, Business-Coach, Bloggerin und ganz nebenbei schmeißt sie noch ihren beliebten Youtube-Kanal „OH LALA & SO LALA". Ihre Herzensthemen sind Nachhaltigkeit und eine pflanzenbasierte, gesunde Ernährungsweise. Sie ist gelernte Schauspielerin, studierte Politikwissenschaften an der Hochschule für Politik in München und ließ sich in Pflanzenheilkunde ausbilden. Sie lebt in München.

FOOD FOTOS

Im Buch enthaltene Fotos können zur eigenen Nutzung erworben werden unter *www.stockfood.de*

BILDNACHWEIS

Autorenfoto: Martin Nink;
Shutterstock: ArtKio: Papierstruktur; Ingrid Balabanova: S. 75; Ivanna Pavliuk: S. 124; K321: S. 115; Malivan_Iuliia: S. 135

IMPRESSUM

Hinter jedem tollen Buch steckt ein starkes Team

Projektleitung: *Isabella Hofmann*
Texte und Rezepte: *Andrea Sokol*
Lektorat und Redaktionelle Mitarbeit: *Edelgard Prinz-Korte*
Grafisches Konzept: *Zero Werbeagentur*
Grafische Gestaltung und Satz: *Sophia Stolz*
Illustrationen: *Michael Pfitzner*
Fotografie: *Martin Nink; andere siehe Bildnachweis*
Foodstyling: *Andrea Sokol*
Herstellung: *Frank Jansen*
Producing: *Jan Russok*
Druck & Bindung: *optimal media GmbH, Röbel*

1. Auflage 2022

Kaiserstraße 14 b
D-80801 München
ISBN: 978-3-96584-246-5

HINWEIS

Die Ratschläge in diesem Buch wurden mit größter Sorgfalt von Andrea Sokol und Verlag erarbeitet und geprüft. Eine Garantie kann jedoch nicht übernommen werden. Ebenso ist eine Haftung der Autorin bzw. des Verlags und seiner Beauftragten für Personen-, Sach- oder Vermögensschäden ausgeschlossen. Erkrankungen mit ernstem Hintergrund gehören in ärztliche Behandlung! Bei bereits bestehenden Beschwerden kann das Buch daher keinen fachärztlichen Rat ersetzen.

LIEBE LESER, LIEBE LESERINNEN

wie schön, dass Sie ein Buch von ZS in den Händen halten. „jetzt leben!“ ist das Motto unseres Verlages. Es steht für Genuss und Inspiration, Unterstützung und Motivation. Ob Kulinarik oder Fitness, Gesundheit oder Lebenshilfe – seit über 30 Jahren bieten wir kompetente Ratgeber für (fast) alle Lebenslagen. Wir lieben Tradition genauso wie Innovation – sie treiben uns an. Unsere Autorinnen und Autoren sind Menschen, die zu ihrem Thema wirklich etwas zu sagen und zu schreiben haben. Unsere Produkte sind erzählerisch, appetitmachend und als gedruckte Bücher haptisch echte Erlebnisse. Für Sie mit ganz viel Liebe gemacht! Entdecken Sie mehr aus unserer wunderbaren Welt!

UNSER VERLAGSHAUS

Mit Standorten in München, Hamburg und Berlin zählt die Edel Verlagsgruppe zu den größten unabhängigen Buchanbietern Deutschlands. Zur Edel Verlagsgruppe gehört unter anderem ZS mit seinen Lizenzmarken Dr. Oetker Verlag, Kochen & Genießen und Phaidon by ZS.

ZS - Ein Verlag der Edel Verlagsgruppe
www.zsverlag.de
www.facebook.com/zsverlag
www.instagram.com/zsverlag

FÜR DIE UMWELT

ZS unterstützt bei der Produktion dieses Buches das Projekt „Junge Riesen für die nächsten 100 Jahre“ im Naturpark Nossentiner/Schwinzer Heide. Damit wird ein Anteil der unvermeidbaren CO_2-Emissionen im direkten Umfeld des Produktionsstandortes kompensiert.

PARTNER
Naturpark Nossentiner / Schwinzer Heide
www.optimal-media.com/naturschutzprojekt-001

NEWSLETTER

Was koche ich heute Feines? Und wie geht das – schmackhaft und gesund?

Melden Sie sich jetzt zum ZS-Genuss-Service an und verpassen Sie keine kulinarischen und gesundheitlichen Trends mehr.
Wir informieren Sie regelmäßig über unsere Neuerscheinungen, Aktionen oder Gewinnspiele und verraten Ihnen unsere Lieblingsrezepte!

GEWINNEN

Unter allen Neuabonnierenden verlosen wir jeden Monat eine *ZS-Genuss-Box* im Wert von 75,00 €.

Jetzt anmelden unter:
www.zsverlag.de/newsletter
oder den QR Code scannen:

ANMELDEN!

Schluss mit der langen Rezeptsuche!

Das lange Durchsuchen der eigenen Kochbücher hat endlich ein Ende – die Rezept Scout-App verrät ganz schnell und einfach, welches Rezept wo zu finden ist.

MARKIEREN

Eine eigene Bibliothek erstellen – Kochbücher suchen und abspeichern

FINDEN

Einfach Suchbegriff eingeben – und auf einen Blick entdecken, aus welchem Kochbuch die Rezepte sind

MERKEN

Lieblingsrezepte in der Merkliste speichern – und noch schneller finden

Erhältlich im App Store

JETZT BEI Google Play

Mit allen aktuellen ZS-Büchern und vielen anderen beliebten Kochbüchern.